AF220034

Frau Berger - oben ohne

Teil Eins

Heike Marie Berger

Herstellung und Verlag: BoD – Books on Demand, Norderstedt

1. Auflage, 2021
© 2021 Heike Marie Berger – alle Rechte vorbehalten.
Einbandgestaltung: Detlev Scheerbarth
Herstellung und Verlag: BoD – Books on Demand, Norderstedt
ISBN: 9783754317969

Buchbeschreibung:

Wie ist das Leben, wenn es von jetzt auf gleich aus den Fugen gerät? Wie organisiert sich der Alltag? Wie viel Unterstützung und Anteilnahme kann man erwarten und bekommt man? Frau Berger bekommt pünktlich zu ihrem fünfzigstem Geburtstag die Diagnose „Brustkrebs". Wie lebt sie damit, wie verarbeitet sie die Diagnose und vor allem, wie ist ihr Weg, wieder gesund zu werden?

Ein Buch, welches das Leben mit dem Krebs beschreibt, ohne auf medizinische Details einzugehen. Es ist ein Tagebuch, welches den alltäglichen Wahnsinn, das alltägliche Leben beschreibt und die Leser daran teilhaben lässt.

„Warum kommt dieses Buch erst jetzt, fünf Jahre nach der Erkrankung?" Heike Marie sagt: „Ich konnte es nicht eher, ich brauchte die Zeit um zu verarbeiten. Nach einem Jahr konnte ich die Dateien gar nicht öffnen, nach zwei Jahren habe ich es versucht und es wieder aufgegeben, es war noch zu nah, nach drei Jahren bin ich etwas weiter gekommen und nach vier Jahren war es dann soweit, ich war bereit für dieses Buch, welches ich unbedingt allein machen wollte und nun nach fünf Jahren ist der erste Teil fertig."

Der erste Teil von insgesamt zwei Teilen beschreibt die Zeit der Diagnose, der Chemotherapie und der Vorbereitung auf die Operation.

Über die Autorin:

Heike Marie ist inzwischen 55 Jahre alt. Sie liebt das Leben und ist unglaublich glücklich, dass sie das Leben ihrer Kinder begleiten und ihren Enkel erleben darf. Das ist nicht selbstverständlich. Nach Ihrer Diagnose Brustkrebs stellte sich das Leben auf den Kopf. Sie konnte für ein Jahr nicht mehr am allgemeinen Leben teilhaben. Ein bisschen stand ihre Welt still. Ein kleines bisschen. In dieser Zeit fing sie an, das Schreiben für sich zu entdecken.

Sie liebt das Leben und liebt es darüber zu berichten, über die kleinen Dinge, die sie umgeben. Über Erlebnisse mit Freunden und auch unbekannten Menschen. Zu jeder Situation findet sie in ihrer, manchmal auch skurrilen Art einen kurzen oder auch längeren Text.

„Ich bin eine Rechtschreibschlampe." sagt sie von sich selbst und Herr Duden ist wirklich nicht ihr bester Freund. Dennoch schreibt sie und schreibt und schreibt.

Heike Marie lebt und arbeitet in einer zauberhaften Stadt im Norden von Berlin.

„Es ist nichts" sagte meine Mutter, nachdem sie wieder ins Auto stieg. Fünf Minuten zuvor hatte das Handy geklingelt, sie fuhr rechts ran und verließ den Wagen. Das machte sie sonst nie. Sonst plauderte sie auch in meinem Beisein mit den Anrufern. Ich war mir sicher, dass sehr wohl etwas war, wollte aber nicht nachfragen. Und so schwieg ich, fuhr wieder zurück in meinen Studienort und beendete die Masterarbeit.

Als ich vier Wochen später wieder nach Hause kam, sagte sie nur ein Satz: „Ich muss dir was sagen." Doch das war gar nicht nötig - sie war krank, das wusste ich. Was es war, machte keinen Unterschied. Eine schwierige Zeit stand uns bevor. Eine Zeit der Angst, der Zweifel und der Ungewissheit. Eine Zeit, die uns als Familie enger zusammenbringen, aber auch mehr als einmal an den Rand der Verzweiflung bringen sollte.

Ich blieb zuhause, fuhr sie Woche für Woche zu den Chemos, bemühte mich, den Haushalt instand zu halten, und bewarb mich parallel für den ersten richtigen Job nach dem Studium. Eine verrückte Zeit, aber auch wunderschön - weil wir zusammen waren. Gemeinsam gegen die Krankheit kämpften und am Ende als Sieger vom Platz gingen. Dankbar in dem Wissen, dass dieser Gewinn über die Krankheit nie selbstverständlich und das Verlieren ein täglicher Begleiter war.

Meine Mutter verlor während der ganzen Zeit nie den Mut, hielt den Kopf oben und schöpfte aus ihrem Schreiben neue Kraft - Tag für Tag, Chemo für Chemo. Und so ist dieses Buch nicht nur einfach ein Text auf vielen Seiten, sondern vor allem eine Kampfansage an den Krebs und ein Ja zum Leben, zum Weiterleben, zum Erleben der großen und kleinen Glücksmomente auch in schwierigen Zeiten.

Anne

Was vorher geschah.

Oh mein Gott ist mir schwindlig. Ich kann heute nicht ins Büro und mir tut seit Tagen, Wochen, Monaten die rechte Brust weh.

Als mir neulich schwindlig war und ich kurzfristig mein Arbeitszeitguthaben genommen habe, gab es Ärger, richtig Ärger. Wenn ich krank bin, nicht arbeitsfähig, dann soll ich eine Krankmeldung abgeben. Okay, ich melde mich krank. Anruf im Büro »Ich bin heute krank und gehe zum Arzt.« »Okay, ich richte es aus.« »Danke.«

Zur Hausärztin. »Mir ist so schwindlig.« »Zeig mal deinen Nacken.« Sie drückt und zieht und stellt fest: »Es ist der Nackenwirbel - wir röntgen das mal und du gehst zur manuellen Therapie.« Die manuelle Therapie griff schnell. »Das ist alles?«, »Ja«. »Meine rechte Brust tut auch noch weh. Ich gehe noch zum Frauenarzt.«»Ja, mach das.«

Beim Frauenarzt:
»Können Sie bitte die rechte Brust abtasten? Sie tut weh.« »Ich kann nichts finden.« Ich bekomme eine Überweisung zur Mammographie. Den Termin für Röntgen und Mammografie vereinbart. Danach mit einer Freundin getroffen und über die Situation gesprochen. Über mein Problem und ihres auch.

Tage später.
Das Röntgen ist unauffällig. Die Mammografie wohl nicht, die Assistentin: »Frau Doktor möchte noch eine zweite Aufnahme.« Ich: »Oh, hat das was zu bedeuten?« »Erst mal nicht, sie möchte nur eine zweite Aufnahme.« »Okay. Ich warte auf die Ärztin, es dauert. Mir wird mulmig, die Ärztin kommt »Ich mache noch einen Ultraschall.« Bleiben sie ruhig.

»Ich habe etwas gefunden, bitte gehen Sie zur Brustsprechstunde und zu Ihrem Gynäkologen.« Was ist passiert?

In der linken Brust – Achtung LINKS (zur Erinnerung: Rechts tat es weh),wurde eine Veränderung gefunden. Im Vergleich zu Aufnahmen aus Vorjahren. Es hat eine Form, die zur Sorge berechtigt.

Am selben Abend zum Gynäkologen. Eigentlich bin ich zum Kaffee verabredet. Eine Nachricht. »Sorry es wird später, ich muss zum Gynäkologen.« »Dann komme ich dahin.« Ich bin zufrieden, ich bin nicht allein dort.

»Vielleicht ist es nur eine Verhärtung durch das Stillen.« Der Arzt ruft mich auf. »Machen sie sich einen Termin in der Brustsprechstunde.«

Am Tag danach

»Hallo ich brauche einen Termin bei Ihnen.« »Ja, am 24. Juni.« »Oh, da bin ich schon fünfzig, und ich wollte gern in den Urlaub und es vorher abgeklärt haben« »Dann kommen sie am 8. Juni.«

Ich bin da, am achten Juni. Alles strömt auf mich ein. Es wird Gewebe entnommen. Der Anruf kommt am neunten Juni. »Bitte nehmen Sie unbedingt den Termin in der Brustsprechstunde wahr.« Als der Anruf kam, war ich mit meiner wunderbaren Tochter unterwegs.

»Mutti was ist?« »Alles okay, ich muss zu einem Termin.« Nicht weinen, nicht weinen. Auf keinen Fall, ich bin so stark. So schei... stark und will es gar nicht sein.

Es stand noch nichts fest. Alles war offen. Ich wollte nichts sagen. Das Kind fuhr ein paar Tage später in den Urlaub. Den sollte sie unbedingt genießen. Unbedingt. Denn hätte sie es gewusst, sie wäre nicht gefahren. Niemals. Später irgendwann wird sie mir sagen. »Ich glaube, ich wäre, gefahren.« Ich sag nur, wäre sie nicht.

Ja und dann, erst mal ab in den Urlaub. Rhodos. Dort wurde ich fünfzig. Nach dem Urlaub ging es los.

Tag 1

Bauchgrummeln. In zehn Minuten fahre ich los. Vielleicht hätte ich mich doch fahren lassen sollen. Eigentlich kann mich nichts mehr überraschen. Es ist ein Tumor und er ist bösartig. Hoffentlich ist es nur der eine. Hab ich doch Angst? Eher nicht es ist nur die Ungewissheit, vor dem, was kommt. Den Krankenhausbehandlungsvertrag und Fragebögen ausgefüllt. Deutschland 7. 47 Uhr. Warten auf den Aufruf bei der Schwester. Richtig heißt es Brustschwester. Die Frage nach Angehörigen hat mich gerade überfordert. Ich hab meine Tochter angegeben. Tränchen kommen. Sie dürfen nicht, sie sollen nicht rollen. Schließlich bin ich geschminkt.

Angebote, mich herzufahren und mit mir zu warten habe ich ausgeschlagen. Glaube, es ist besser, wenn ich das erst mal alleine mache. Vielleicht wäre es besser gewesen, doch jemanden mitzunehmen. Das Warten auf den Aufruf ist schon ziemlich doof. Meine Vorstellung war, dass es schneller geht. Mein Wasser hab ich auch vergessen. Frische Luft ist großartig, aber wenn es kalt wird.

Er ist klein und böse. Wir werden ihn töten. Ganz sicher. Wir, ich und die Ärzte. Wir schaffen das, ganz sicher, ganz wirklich, ganz bestimmt. Er hat ein paar positive Eigenschaften. Er wächst schnell. Deshalb wird die Chemotherapie gut angreifen. Es dauert etwa ein Jahr, bis ich wieder fit bin. Das ist ja wie eine Elternzeit. Nur ohne Baby. Also habe ich die Zeit für mich. Elternzeit für mich.

Was mich beeindruckt hat, wie professionell und schnell ich von einer Untersuchung zur nächsten gegangen bin. Es war grandios, beim Röntgen hatte ich nicht mal Zeit, mich gemütlich hinzusetzen. Beim EKG war es auch beeindruckend schnell, ohne Anmeldung. Die Fachkraft war auch auf Rhodos im Urlaub. Ihr hat es gar nicht gefallen, meine Idee, sie sollte es noch mal versuchen, fand sie gar nicht so gut. Vielleicht ist sie nicht die Griechenland-Urlauberin.

Als ich aus der Klinik raus bin und an dem Parkscheinautomaten stand, fand ich mein Portemonnaie nicht. Super-GAU. Der Blutdruck, der eh zu hoch ist, ging an die Grenze. Ein junger Mann hinter mir. Ich zu ihm »Sie können gern Vorgehen«. Er freute sich. Ich trat einen Schritt zurück und trete eine Dame. ›Oh, Entschuldigung!«. Sie, als von mir Geschädigte, »Aua, haben sie keine Augen im Kopf? Sie können sich doch umdrehen«. Ich »Entschuldigung, ich bin eine Fehlkonstruktion. Ich habe keine Augen hinten, so ein Mist.« Sie dann zu mir »Mit der Intelligenz ist es bei der auch nicht so weit her«.Ist das frech? Ich setzte dem noch eins drauf. »Oh ja, ich bin etwas dumm«. Ihr Mann fand das doof. Der junge Mann verdrehte die Augen. Ich grinste. Kleidung und Sprache der Dame passten nicht zusammen. Obwohl, ihr Fuß tat ihr sicher weh. Aber, ich hatte mich entschuldigt. Da war dann auch mein Portemonnaie. Parkschein ausgelöst, ab nach Hause. Mich kann heute nichts mehr schocken.

Tag 2

Schlecht geschlafen. Um elf hatte ich einen Termin zum Setzen eines Clips. Ein kleiner Haken, aus Metall, der die Stelle markiert, wo der Tumor sitzt. Die Ärzte hoffen, dass der Tumor nach der Chemo soweit verschwunden ist, dass die Stelle ohne eine Markierung schwierig zu finden wird. Ich hoffe das auch.

Tag 3

Treffen mit lieben Menschen. Mittags bei meinem Lieblingsasiaten in der Stadt, meine Lieblingssuppe Nr. 131 und Sommerrolle. Es war wie immer gut. Nachmittags ein neues Café in der Stadt besucht, Mohnkuchen mit Trauben. Das Café ist zu empfehlen. Hab ich Urlaub?

Tag 4

Verrückte Welt, unterwegs in der verrückten Welt. Auf der Fahrt zur Klinik hat sich ein LKW mit Hänger falsch eingeordnet. Er stand auf der Geradeausspur und wollte aber links abbiegen. Das wusste er erst, als er schon auf der Spur stand. Ich dann genau hinter ihm. Mit meinem Auto, was irgendwann groß werden möchte. Einige andere standen auch. Noch hinter mir. Einer konnte es nicht erwarten und fuhr auf dem Fußgängerweg (!!!!) an mir und dem Lkw vorbei. Nur, um an der Ampel dann von mir eingeholt worden zu sein. Heute sollte ich darauf achten, dass mir keiner zu nahe kommt. Ich strahle, und zwar richtig. Eine Schwester hat eine Lösung gespritzt, die den Sinn hat, in den Knochen zu zeigen, was da so alles drin ist. Ich hoffe nur, dass da nur das drin ist, was da rein gehört. Von dem Mittel wird mir nicht schlecht, sagt die Schwester. Ich hoffe, sie hat recht.

Ich bin total gerührt, dass alle so freundlich zu mir sind. Gestern hatte ich den Eindruck, dass sich mehr Leute um mich sorgen, als ich gedacht habe. Ich bin überrascht. Und gerührt. Verrückt ist auch, dass ich immer, wenn ich hierher fahre, hierher in die Klinik. Mir überlege, was ich anziehe. Das ist eigentlich ziemlich egal.

In der Klinik sind alle Bereiche farblich gekennzeichnet und die Zimmer haben Nummern. Mein Flur. C2 rot. Nur gibt es hier viel C2 rot. Sodass ich wohl nicht gefunden werden würde, wenn ich mich mit jemandem hier verabredet wäre. Allein drei Anmeldungen in C2 rot. Das System hat sich mir noch nicht erschlossen. Wird sich wohl auch niemals erschließen. Ich warte in C2 rot vor E030, um eine Untersuchung zu bekommen. Eine Ärztin war auch schon da und sagte »Meine Kollegin ist gleich da.« Wir, die Patienten, haben möglicherweise ein anderes Zeitempfinden. Bei mir ist »gleich« schon lange vorbei. Inzwischen ist der Hunger da, mit ihm der Appetit. Nur, die Untersuchung soll nüchtern durchgeführt werden. Ich bin nüchtern, habe auch nichts gegessen. (Achtung Flachwitz)

Jetzt hat eine Ärztin meinen Raum E030 betreten. Vielleicht geht es gleich los.

Ist losgegangen. Oh mein Gott Fettleber. Das Ergebnis aus Raum E030 in C2 rot. Ansonsten ist alles ok, auch die Nieren. Das CT Cintografie oder so ist fertig. Ich warte nun auf die Ärztin, die das mit mir auswerten wird. Irgendwie bin ich unter Strom. Hoffe stark, sehr stark, dass nichts weiter gefunden wird. Die Frage, die mich bewegt ist ja, wenn die Leber eine Fettleber ist, kann die dann die Giftstoffe aus dem Körper spülen, oder sammeln die sich weiter an?

Nach meiner ersten Mammographie zu Hause, bat die Radiologin mich, ihr Bescheid zu geben, ob sie mit ihrer Vermutung richtig lag. Das habe ich nun gestern gemacht. Es ist grundsätzlich wichtig, dass die untersuchenden Ärzte ein Feedback bekommen, ob ihre Arbeit richtig ist. Auch wenn es schade ist, dass sie mit ihrer Auffassung richtig liegt. Schade für mich, gut für sie und für die Frauen, die sie in Zukunft »mammographieren« wird.

Meine Wartezeiten hier in der Klinik, haben auch was Gutes. Ich kann beobachten, wie hier was läuft und mir überlegen, was man, was ich (wenn ich was zu sagen hätte) anders machen könnte, anders machen würde. Mein Eindruck ist, dass die Klinik sehr von Hierarchie geprägt ist, die Ärzte keine Halbgötter in Weiß sind, sondern eigentlich in einem Betrieb arbeiten, wir Patienten die zu behandelnden Werkstücke sind. Die Aussage meine ich nicht negativ, sonders neutral. Ärzte und auch das andere Personal haben zu tun und kommen fast nicht zum Luftholen. Besonders ist das mir aufgefallen, als bei dem Setzen des Clips, ein so großer Andrang war. Die Aufnahme von meinen Knochen wurde von einer Schwester gemacht, die bestimmt noch in der Ausbildung ist. Sie war besonders freundlich distanziert. So, dass sie wirklich auf eine professionelle Art. Wie sage ich es? Nicht meine

Lieblingsschwester wird. Ich mag lieber die Älteren, die mit einer professionellen Distanz, wo aber auch Empathie zu erkennen ist. Dafür braucht jeder seine Lebenserfahrung. Mein Handy ist fast alle, nein, der Strom darauf. Ach Quatsch, der Akku ist es, der Akku ist fast alle. Das nächste Mal nehme ich mir mein Ladekabel mit, so ein Tag schluckt schon viel Akkuleistung. Strom und es sind viele Steckdosen zu finden. Mit dem Netz ist es etwas schwieriger, die Strahlen für das mobile Netz kommen nicht bis in diese Räume. Das Haus W-LAN ist echt schwach.

Eine Auswertung. Die Knochen. Außer den Abnutzungserscheinungen ist soweit alles ok, also nichts in den Knochen. Ich bin zufrieden. Ich bin mir sicher, alles wird gut. Wenn jetzt das Herz noch ok ist, dann ist es ein erfolgreicher Tag.

Wer lesen kann, ist klar im Vorteil. Ein weiterer Termin steht an. Ordentlich wie immer eine Nummer gezogen. Bräuchte ich gar nicht, ich kann direkt zum Zimmer gehen. Nun stehe ich vor Zimmer E051 in C1 rot. Ich bin erstaunt, dass es hier viele Mitarbeiter mit meiner Statur gibt. Gerade sie müssten doch auf sich achten. Eine weitere Wartezeit. Die mitwartenden Leute haben Redebedarf. Ich lächle immer nett, mag nicht reden.

Tag 5

War entspannt. Ein richtig guter Tag. Ab 10 beschäftigt. Einkaufen in Polen. Und essen. Das Essen, ist mit viel nachdenken verbunden. Kein Fett, kein Kohl, keine Zwiebeln und keine Bohnen. Keinen Alkohol, aber zwei Liter trinken. Dr. Internet sagt, so bekomme ich die Leber auf die Reihe. Auch keinen fetten Käse. Vorteil ist, dass ich nun viel zuhause bin und mir genau überlegen kann, was ich mache und wie. Am Abend dann meine Mission, liebe Leute treffen, fortgesetzt. Es war traumschön. Ich fühle mich nicht krank, wirklich nicht. Mein Herz ist voller Hoffnung.

Tag 6

Mützen, Hüte, Tücher. Die Erkenntnis, dass bei der Chemo relativ schnell die Haare ausfallen, ist nicht amüsant. Überhaupt nicht. Brauche einen tollen Kurzhaarschnitt und Mützen, Tücher und vielleicht auch eine Perücke. Wintermützen sind schon ausprobiert. Nur, bis zum Winter ist es noch recht lang.

Tag 7

Das Leben ist schon komisch. Neulich am See baute einer ein Zelt auf. Dachte noch, wie cool, ich will das auch. Heute habe ich die Geschichte zu Ende gehört. Der Herr, welcher das Zelt in Besitz nahm, verschwand kurz, um etwas später mit einer Dame zurückzukehren, die sehr reizend, eher wohl aufreizend gekleidet war. Sie war barfuß. Er trug ihre Schuhe. Die Absätze ca. 10 cm. sie verschwanden gleich ins Zelt. Meine Berichterstatter verschwanden nach Hause. Jetzt erklärt es sich mir auch, warum der Herr den weichesten Platz für sein Zelt am See suchte. Ich hätte gewettet, aus dem Alter wäre er raus, aus dem Alter, in dem man sich in einem kleinen Zelt romantisch fühlt.

An unserem See ist immer was los. Mal riecht es nach Tüte, nicht die aus Plastik oder aus Papier, nein die, die man selber dreht. Mal macht einer Lagerfeuer. Kinder, Hunde, Teens alles da. Oder auch nur wir.

Wenn beim Frauenarzt ein Rezept ausgedruckt wird, und die Schwester das mit den Worten »Viel Spaß dabei« überreicht und die Dame, die das erhält, antwortet »Ja danke, er ist ja auch sehr aktiv« Was soll ich da denken, ohne rot zu werden?

Tag 8

Wie sagte ich es den Kindern? Das war das Schwerste, das Allerschwerste und das bewegendste in der ganzen Zeit. Es ist ja nicht so, dass sie es nicht mitbekommen hätten. Sie haben beide gemerkt, dass da was ist. Das große Pflaster auf der Brust:»Mutti, was hast Du denn da an deiner Brust?«»Wo denn?« Zeitschinden.»Mutti – du weißt genau, was ich meine.« Ich»Ach das, da hat mich die Katze gekratzt«. Ich hätte meiner Mutter das nie abgenommen. Meine Tochter mir auch nicht. Sie machte sich Sorgen, ihr Bruder auch. Wie sage ich es Euch? Ich holte meine Tochter vom Bus ab. Wir fuhren mit der S-Bahn nach Hause. Dort angekommen habe ich es gesagt, versprochen, es wird wieder. Wir weinten und rutschten enger zusammen. Und dann sagte sie mir»Sag es auch dem großen kleinen, er ist stocksauer«. War er auch, als ich ihn wieder sah. Wir saßen uns gegenüber. Ich sagte es ihm. Er fragte:»Und was heißt das?«»Das heißt, dass wir ein schei... Jahr haben werden, dann bin ich wieder gesund. Glaubst Du mir?« »Ja.« Woher habe ich nur die Gewissheit genommen, dass es wieder wird? Das Vertrauen darauf, dass es wieder wird? Ich weiß es nicht.

Und dann standen sie da, meine beiden. Umarmten sich und weinten so bitterlich, dass es mir immer, wirklich immer, wenn ich daran denke, die Tränen in die Augen treibt. Sie nahmen mich in die Mitte, in ihre Mitte und wir weinten gemeinschaftlich. Es war von Trauer geprägt, aber auch voller Hoffnung und Liebe. ICH WERDE GESUND!!!!. Ich hab es den beiden versprochen. Der Kampf beginnt. Nein, er begann schon. Nun sind die Kinder dabei. Sie kämpfen mit mir, für mich. Ich liebe sie so sehr.

Tag 14

Das Gefühl von Urlaub ist vorbei. Der Plan war, um 8:30 Uhr im ambulanten Operationssaal zu liegen und den Eingriff durchführen zu lassen. Es sollte der Port gesetzt werden, die Zuleitung für das Gift, welches in meinem Körper aufräumen wird und die komfortabel dafür sorgt, dass die Adern bei der ständigen Blutentnahme nicht zerstochen werden. Jetzt ist es schon fast halb zehn und nichts rührt sich. Nüchtern und ohne Zigarette sitze ich in einem Wartezimmer. Nicht, dass ich rauchen würde. Aber die Dame am Tresen hatte es extra abgefragt. Inzwischen habe ich Durst und mein Magen knurrt. Ich werde unleidlich. Das Warten ist sehr ermüdend.

10:17 Uhr. Warte noch immer. Die Dame, welche ihren Termin um acht hatte, wartet tapfer mit. Im Gegensatz zu mir ist sie auf die ausliegenden Apothekenzeitungen angewiesen. Ich, als erfahrene Wartende, bin mit einer noch nicht ausgelesenen Basketballzeitung, ausgestattet und sollte ich diese schaffen, habe ich noch ein Restbuch in der Tasche, danach kann ich mich immer noch mit der Apothekenzeitung beschäftigen. Gerade kam eine Dame aus dem Umkleideraum, ohne zu grüßen, ging sie durch zur Toilette. Hier ist es so leise, dass wir hören konnten, dass sie wirklich nötig musste. Eine Dame, die neu da ist, hat Probleme mit dem Ausfüllen der Formulare, am liebsten möchte sie einen Anwalt haben. Es sind auch Unmengen von Zetteln auszufüllen: Wer holt dich ab, wer übernimmt welche Kosten, wer darf was wissen? Und immer wieder neu. Von der Schwester hat die Dame sehr gute Aufklärung erhalten, finde ich, aber sie selber wundert noch. Hier gibt es wirklich Ärzte, ich konnte eben einen sehen. Noch zwei Damen in Grün. Sie diskutieren über Bilder. Einer fiel ein, dass sie grüßen könnte hat sie dann auch gemacht. Es geht nun weiter, eine mit mir wartende Dame, der Termin war um acht, jetzt ist es fast elf, macht sich fertig. Theoretisch bin ich dann in einer halben Stunde dran, aber nur theoretisch.

Als ich hier ankam, ging eine Dame in die Umkleide, nun scheint sie fertig zu sein. Das bedeutet, es dauert circa drei Stunden, bis alles erledigt ist. Auch heute kein schönes Nachmittagsprogramm im Fernsehen. Nun sitze ich fast vier Stunden hier. Der Magen brummt richtig, der Mund ist trocken und Durst schreit mein Kopf. Und Luft, frische Luft. Das wäre was. Die Dame, die sich mit dem ausfüllen so schwer tat ist dran. Toilette. Ich höre wieder alles. Kein weiterer wartender Patient ist hier, auch keine weitere Patientin. Ganz bald bin ich dran. Ich glaube, ich brauche dann keine Erklärung mehr, was ich zu tun hab. Inzwischen ist es fast zwölf.

Halb eins war ich dann dran. Emotion pur. Jetzt wurde mir klar, wurde mir klar, ich bin krank. Der Eingriff ging schnell. Ich dachte, ich hätte mich mit dem Operateur über griechische Inseln unterhalten. Er war auf Santorin. Ich habe mal ein Buch gelesen, welches dort spielt, davon habe ich ihm erzählt, während er schnippelte. Allen, den ich von der Unterhaltung erzählte, meinten, dass ich das geträumt hätte. Auf alle Fälle war es eine schöne Unterhaltung.

Tag 15

Wenn man zu dick ist, greift der Ultraschall nicht mehr. Er ist nicht in der Lage durch mehrere Fettschichten zu schallen. Also gibt es eine weitere Untersuchung. Mit neuen Wartezeiten, eigentlich nicht wirklich Wartezeiten, aber doch etwas Zeit. Ich bin nicht so gut vorbereitet, ich lese bei einer Mitpatientin mit. Nun weiß ich neue Dinge über unsere Promis. Ich selber hatte da hochwertige Presse. Eine Reisezeitung mit Titelthema New York. Die hebe ich mir auf, für nächstes Jahr.

Tag 18

Wenn ein Anruf mit einer Berliner Vorwahl und einer Neun als erste Ziffer kommt, stehe ich stramm. So war es gestern. Herzklopfen und leichte Schweißausbrüche. Die Brustschwester war dran. Brustschwester ist schon eine eigentümliche Berufsbezeichnung. Wenn dich jemand fragt, was bist du von Beruf? Und du sagst Brustschwester. Die Blicke kann ich mir schon vorstellen. Dabei ist das ein Beruf. Die Brustschwester begleitet mich durch die Erkrankung und den Heilungsprozess, steht mit Rat und Tat und Tipps zur Seite. Jedenfalls ruft die Brustschwester mich gestern an. Sie will sich mit mir treffen und besprechen, was mit mir passiert, wenn die Behandlung losgeht. Bleiben die Haare? Wird mir schlecht? Wo bekomme ich Zweithaare? Da bin ich ganz froh, dass ich Infos aus einer Hand bekommen werde.

Die Strecke von zuhause bis zum Krankenhaus beträgt circa zehn Kilometer, mit dem Auto schaffe ich das in etwa 17 Minuten. Mit öffentlichen Verkehrsmitteln benötige ich fast eine Stunde mehr. Ich kann mir die Welt anschauen. Ein Vorteil.

Thema Wartezeiten stellt sich immer wieder unangenehm dar, heute ist es in dem Wartebereich nicht so voll wie sonst. Die Stimmung kann ich schlecht beschreiben. Neben mir surft eine Dame mit quietschgrünen Strümpfen im Internet, eine andere liest in Ihrem E-Book, was kann ich nicht sehen. Rechts steht eine Dame, die den Flur im Blick hat, Hornbrille und rote Dauerwelle. In ihrem Rücken spielt ein Kind. Ach, sie hat gar keine Dauerwelle. Schauen kann ich auch nicht mehr richtig. Mein Kopf ist gefüllt mit Informationen. Es schwirrt wie verrückt.

Abstände der Chemotherapie ist klar, auch was in etwa passieren wird, was ich machen soll und was nicht. Den Raum, in dem die Chemotherapie durchgeführt wird, den Raum, in dem ich das Gift erhalten werde, habe ich mir schon angeschaut. Ich brauche eine Kuscheldecke und Kuschelsocken, glaube ich. Unbedingt ein Nackenkissen, so ein weiches mit Perlen gefülltes und einer schönen kuschligen Umrandung. Ich meine Umhüllung.

Ein Rezept für eine Perücke habe ich bekommen. Blondes langes Wallehaar. Oder rot. Ich hab keine Idee, wie meine neuen Haare, meine Ersatzhaare, aussehen sollen. Es gibt Schminkkurse. Ich muss dann wohl das eine oder andere verändern. Sprich, meine Stifte sollten angespitzt sein, um die Augenbrauen nachzuzeichnen. Es wird Schwierigkeiten in der Motorik geben.

Die Finger- und Fußspitzen werden wohl taub, aber es muss nicht sein. Wird wohl auch nicht, ich hoffe es sehr. Für den Eingriff, die Operation, hätte man auch einen Kleinwagen bekommen können, ich hab nicht gefragt, ob neu oder gebraucht. Schon viel Geld. Die Chemo-Medikamente kosten ab 800 Euro pro Therapie. Für mich selber kommen da 20 Euro pro Therapie als Eigenanteil, Fahrkosten und so weiter dazu. Es wird sicher ein kleiner Urlaub, den ich hier für meine Gesundung ausgeben werde. Wenn ich mir überlege, dass ich alles selber zahlen müsste. Lieber nicht darüber nachdenken. Ein schlechtes Gewissen habe ich aber nicht, da ich die Kosten mit Sicherheit der Krankenkasse eingebracht habe.

So ein Tag geht schon schnell vorbei. Einmal angefangen, kommt eins zum anderen. Der Körper ist schon ein spannendes Ding.

Vielleicht schaue ich mir den mal genauer an. Ich meine Bilder oder Bücher über den Körper. Vielleicht. Ich glaube fast eher nicht. Die Hektik der Ärzte war auch heute wieder spürbar, irgendwie kann das auch nicht zwingend richtig sein, wir werden alle »kränker« obwohl nicht sein muss, dass wir wirklich kränker sind, es wird nur viel mehr gefunden, was behandelt werden muss. Das setzt wieder voraus, dass mehr Ärzte da sind, da die Ausbildung dieser aber exorbitant lange dauert, müssen die, die da sind immer mehr machen. Das heißt, sie sind gehetzter. Die Fahrt mit den öffentlichen Verkehrsmitteln. Habe festgestellt, ich möchte keine Teenagerklassen in meinem Wagon haben. Waren wir auch so? Wahrscheinlich waren wir schlimmer, weil uns ja die Handys fehlten. Wir hatten nur damit zu tun, uns irgendwie zu unterhalten. Unser armer Lehrer. Jetzt denke ich schon an die Vergangenheit.

Verdammte Hacke. Ich weiß, ich soll nicht fluchen und möchte es auch nicht, aber das musste eben sein.

Von Beginn. Ich liebe es, am Wasser zu sein, diese Liebe konnten der Vater meiner Kinder und ich an unsere Kinder weitergeben. Am liebsten bin ich am Meer und hier ist es egal welches. Nun hatte es sich ergeben, dass die Kinder und ich Zeit für eine gemeinsame Zeit gefunden haben, um ans Meer zu fahren. Bis heute früh bzw. heute Mittag stand der Plan noch. Katzenbetreuung organisiert, Reiseroute besprochen und Bibliotheksbesuch geplant, um Hörbücher zu leihen. Besprochen, wie viele Taschen mit dürfen und was wir für Sachen brauchen und vor allem, wie packen wir unseren Kleinstwagen optimal. Wer fährt wann und wo. Also gut besprochen. Gut gerüstet. Und nun, keine Reise, nur eine kurze Fahrt zur ersten Chemotherapie. Statt der geplanten 500 nur zehn Kilometer. Statt der frischen Luft an der Ostsee, die würzige Luft meines Apfelbaumes, der unter meinem Fenster steht.

Der Apfelbaum. Er trägt viele kleine Äpfel und verliert einige. Er duftet, es ist wunderbar, dass ich das genießen kann. Schade, dass es mit dem Meer nicht klappt. Das Meer wartet ja auf mich auch 100. 000. 000 Jahre. Oder mehr. Das Meer.

Tag 23

In der Ruhe liegt die Kraft, mit der man alles schafft. Heute früh scheitere ich an einem vergessenen Zettel. Blau, Format A5 und bedruckt mit meinen Daten. Die Ruhe, meine Ruhe ist weg. Der Zettel ist heute das wichtigste Schriftstück, welches ich benötige. Überweisung, der Auftrag für das Blutbild. Er liegt in meiner Akte zuhause, hoffe ich doch zumindest. Nun sitze ich hier und meine Ruhe verschwindet systematisch. Vor dem Zimmer der Schwester warte ich, um sie zu bitten, mir einen Neuen auszustellen. Wie unangenehm. Es zeigt sich der Unterschied zwischen den Schwestern. Es gibt welche, die sind sehr zuvorkommend. Andere eher weniger. Ich kann es nicht wirklich beschreiben und eigentlich möchte ich es auch nicht, es ist eine Momentaufnahme, schwer einzuordnen.

»Meine« Schwester hat mir diesen Zettel ausgestellt, ich habe den tatsächlich bekommen und sitze zufrieden vor dem Schwesternzimmer und harre der Dinge, die da kommen. Gut, dass ich mich nicht negativ über die Schwester geäußert habe. Der erste Eindruck ist manchmal nicht so perfekt, wie man sagt, er ist entscheidend, aber es lohnt sich, den zweiten abzuwarten. Sie ist, abgesehen von einer professionellen Distanz, nett und dienstbeflissen, also genau das, was man braucht, um hier zu arbeiten. Der Arbeitsplatz dieser Schwester sieht hochprofessionell aus. Zwei Bildschirme, davon einer etwas größer als der andere, zwei Tastaturen, zwei Mäuse. Wenn jetzt jemand denkt, zwei Schwestern teilen sich einen Schreibtisch. Geirrt, eine Schwester bedient das alles alleine. Und sie kann das richtig.

Ich warte nun auf die Ärztin, brauch ich aber nicht, weil gestern alles besprochen wurde. Hoffentlich denke ich beim nächsten Termin an meine Zettel. Ich mach mir eine kleine Tasche, wo ich die alle reinlege. Der nächste Termin wird dann der 10. August sein. Um acht sollte ich dann hier sein.

Inzwischen ist wieder Blut gezogen worden, den Zettel habe ich heute früh bekommen, konnte den also auch nicht vergessen. Ein Vorteil. Vergesslichkeit soll keine Nebenwirkung sein. Also muss ich mich anstrengen, nicht so viel zu vergessen.

An der Nadel, die in den Port kommt, hängt ein längerer Schlauch, an den wird dann die/das, ich hab keine Ahnung wie das heißt, festgemacht. Dann kann es laufen. Das Gift, wo jeder Tropfen ein Tropfen für das Leben ist. Für mein Leben ist.

Ein Pillchen. Nein, eine richtige Pille gegen Übelkeit, ich bin gespannt, was das mit mir macht. Gut ausgestattet. IPad mit einer Krankenhausserie. Sicherheitshalber ein Buch und eine Apothekenzeitung. Brille, Wasser, ein Brot und ein paar Reiswaffeln. Ich sollte den Tag gut überstehen.

Wie läuft eine Chemotherapie ab?

Das kann ich nur gefühlsmäßig beschreiben. Läuft, ist der richtige Ausdruck, aber was läuft? Vier Beutel hängen an meinem persönlichen Ständer, zwei gegen Übelkeit und zwei voll mit den Putzkolonnen, ja nicht wundern, es sind Putzkolonnen, deren Job es ist den Tumor auszuputzen. So lautet der Auftrag. Sie haben sich richtig ins Zeug gelegt. Sie haben dafür gesorgt, dass ich müde werde und nicht viel davon mitbekomme und die Zeit gut verging. Danach haben sie sich (wahrscheinlich hatten sie Rockmusik zum Putzen an) richtig ausgetobt. Ich habe jeden Besenschwung gespürt. Das Trinken klappte gut, essen ging gar nicht. Mein Oberrocker rief jedes Mal einen Nottrupp auf der dafür sorgte, dass das Essen, nicht was ihr jetzt glaubt, nein wirklich nicht, drinblieb. Es war nur schwierig für die Speiseröhre.

Tag 24

Tag zwei nach der Chemo. Vormittags war mir schwindelig, am Nachmittag müde. Die Putzkolonne hatte das Großreinemachen wohl unterbrochen und dann leicht wieder angefangen. Nachmittags hat sie sich, die Putztruppe, dann mit mir ausgeruht. Diese Information ist nur am Rande. Die Hauptinfo heute ist eine ganz andere. Eine Jury, bestehend aus meiner Tochter, meiner lebensbegleitenden Freundin, der Perückenfachfrau und mir, haben meine zukünftige Frisur besprochen. Im Test waren blond kurz und artig, blond und wild und dunkel wie immer. Welche soll es werden? Meine Vorstellung bestand immer darin, blond und lockig zu sein. Nur leider, wirklich leider, sehe ich in Blond aus, wie »In unserem Dorf ist gerade blond in und ich möchte in sein.« aus. Also wird die Jury sich vermutlich für dunkel entscheiden. Aber ich möchte der Entscheidung nicht vorgreifen. Auch mag ich Mützen. Die Auswahl gab es, nur ich war nicht zufrieden. Mützenkauf verschoben. Nicht aufgehoben. Versprechen an mich selbst. Besuch im Stoffladen brachte zwar keine Mütze, aber den Ausblick auf einen tollen Stoff. Auf einen wunderbaren, tollen Stoff.

Tag 25

Wieder ein neuer Tag. Die Putzkolonne ist noch am Arbeiten. Sie beschäftigt sich besonders mit Händen und Füßen und Hautoberfläche. Hautoberfläche, Schuppenwiege, ist die bessere Bezeichnung. Trotz Supercreme. Die angekündigten Nebenwirkungen haben sich durchgesetzt und mein Job ist cremen, cremen, cremen. Über meine Füße möchte ich besser nichts erzählen. Nur so viel: Flip Flops sind tabu. In der Öffentlichkeit.

Ich genieße die Zeit mit meinen Kindern. Deren Motto »sie wird behandelt wie immer« setzen sie durch, zu circa 90 Prozent. Einen Joker, genannt die »Krebskarte«, pro Monat haben sie mir zugestanden. Immer, wenn ich den Joker ziehen will, kommt: »Du ziehst doch jetzt nicht die Krebskarte?« Oder »Dafür willst du die Krebskarte ziehen?«. Wird dann natürlich nicht gezogen. Doch beinahe musste ich sie ziehen. Es gab einen Ausflug. Wunschdaten: Abfahrt um neun, Fahrzeit circa 1,5 Stunden, dann eine Wanderung um einen kleinen See, etwa 4 Kilometer, danach an und ins Wasser des klaren, tiefsten Sees Brandenburgs. Ein Besuch beim Fischer zwischendurch, um Maränen zu essen, und dann wieder ans Wasser. Noch mal zum Fischer. Abendbrot. Der Tag lief fast so, wie geplant. Die Anreise erfolgte drei Stunden später. Damit verschob sich der Plan, nein er verschob sich nicht. Er kürzte sich um die Wanderung. Meine Krebskarte habe ich noch. Ein toller Tag. Grenzen sind da. Es lebt sich gut in den Grenzen.

Tag 26

Was war das für ein Tag?
Schwindel, Schwindel, Schwindel. Es gab keinen Augenblick, an dem dieses Gefühl nicht da war. Dazu kam eine latente Unleidlichkeit. Wir haben sicher einen Vorgeschmack bekommen, wie es werden kann, wenn die Therapie fortgeschrittener wird. Für meine Umgebung und mich, hoffe ich nur, dass es nicht schlimmer wird. Genug des Jammers, wir haben tolles Wetter, es war nicht so drückend und es gab gutes Essen.

Am Abend waren wir am See. Unser See liegt idyllisch, zwölf Minuten von unserem zuhause, eine Badestelle. Das Wasser ist weich und klar. Nur ist dieses Idyll inzwischen von vielen Leuten, welche weiter als zwölf Minuten weg wohnen, entdeckt worden. Das bedeutet für den Tag am See. Decke an Decke an Decke. Schade für uns. Am Abend wird es am Seegehen. Wir werden es erneut versuchen. Daumendrücken, damit wir ein hübsches Plätzchen finden.

Tag 27

Das Wetter ist ein wahres Sommerurlaubswetter. Warm und trocken. Schattige Plätzchen auf der Terrasse. Vollkommen solche Tage. In Kurzform, es war ein Terrassentag, gemütlich und erholsam. Nachmittags Besuch, der mir die Zeit vertrieben hat. Wir redeten über alte Zeiten, Internat und Zugfahren in der Ausbildung, über das, was kommen wird. Reisen, Ausflüge und die kleinen Dinge des Lebens. Arbeit natürlich und auch, wie geht es weiter. Das hat noch Zeit, so ein Jahr geht schnell vorbei. Nicht, dass ich drängeln will. Aber so ein Jahr geht wirklich schnell vorbei. Umso älter, umso schneller.

Abends ging es dann, kaum zu glauben, zum See. Diesmal gab es eine Grillparty von einer, ich möchte sie als asiatische Reisegruppe bezeichnen. Grundsätzlich fand ich es klasse, dass die Gruppe gegrillt hat. Nicht ganz so toll fand ich, dass sie die Grillkohle einfach so auskippten, vielleicht handhabt man es in Asien so? Andere Seebesucher fanden es auch nicht so toll. Sie sprachen es an. Bezaubernd war, eine junge Frau, die ihr Kleinkind im Wasser spielen ließ. Das Kleine hatte sichtlich Spaß, ich beim Zusehen. Solche Sommertage mag ich gern richtig gern.

Tag 28

Ich bin eine Traumfrau oder wie heißt das, wenn man immer müde ist? Wenn der Schlaf den Tag bestimmt, die Nacht etwa 14 Stunden dauert und das trotzdem nicht ausreichend ist? Es kann nur Traumfrau sein. Es ist mit den Traumfrauen nicht so, wie ich immer dachte, dass das die schönen, schlanken, erfolgreichen sind. Nein, Traumfrauen sind die, die gut schlafen können und anderen dadurch ihre Träume lassen. So ist es. Der Tag war geprägt von etwa 15 Stunden Schlaf. Wahrscheinlich bin ich in meiner Elternzeit für mich, in der Phase des Kindes angekommen. Als meine Kinder Babys waren, haben die auch viel geschlafen. Die derzeitige Situation ist auf keinen Fall besorgniserregend. Ich scheine wirklich auf dem Level Kleinkind zu sein, die aufwändige Körperpflege, die benötigte Unterstützung, die Müdigkeit. Alles klar. Traumfrau mit Kleinkindcharme.

Tag 29

Der See gehört diesen Sommer noch mehr als die anderen Jahre zu meinem Aufenthalt, innerhalb kurzer Zeit zu erreichen, ist er optimal. Picknick am Abend und Mittag ist schon selbstverständlich. Mitnichten selbstverständlich. Etwas Besonderes, was nicht so häufig gemacht wird. Frühstück am See. Das Besondere daran war die Zeit. Um neun, ja wirklich um neun waren wir dort und erwarteten einen von der Morgenruhe gezeichneten Ort. Erwartungen und Realität liegen manchmal auseinander. Der See lag ruhig da. Die Sonne war da. Eine Mutter mit Kind kroch verschlafen aus ihrem Zelt. Das ist richtig, manchmal zelten Leute da. Mein geübter Scan über den Strand. Eine Gruppe Damen, die mit Yoga Übungen der Sonne huldigten, fand ich erst mal bewundernswert. Als sie ins Wasser gingen, war die Idylle vorbei. Solchen Krach schaffen nicht mal wir in der Turnhalle beim Anfeuern unseres Lieblingsteams. Das ist jetzt etwas übertrieben, gefühlt war es wirklich so. Die erwartete Ruhe war dann da, als die Damen dann weiter Nordic gewalkt sind. Der mich begleitende Schwindel war am Abklingen, sodass ich am Nachmittag eine wichtige Besorgung erledigen konnte. Mützenkauf. Kurz und schmerzlos. Naturkaufhaus rein. Mützen gesehen. Ausgesucht, zur Kasse und sofort Besitzerin von zwei tollen Mützen. Haarausfall, du kannst kommen. Ich bin vorbereitet!

Tag 30

Es regnet.

So ist der Tag zusammengefasst. Okay, gut, nur ein Teil des Tages. Dieser Tag hat mich an Zeiten erinnert, als wir acht Wochen Sommerferien hatten und solche Regengüsse zu den Ferien dazu gehörten. Die überschwemmte Straße, in der ich als Kind wohnte. Wir Kinder mit Gummistiefeln in den Pfützen, eigentlich schon Seen, im Schlüppi, rumtobten. Kindheitstraum, der Geruch der Welt nach dem Regen. So war es am Nachmittag. Nur, dass die Kinder nicht mehr in den Pfützen auf den Straßen spielen (dürfen). Das erlösende Gewitter ist bildlich gewesen. Allerdings bereits am Vormittag. Bluttest, die Info der Schwester. Alles bestens, nächste Woche wieder um elf vorsprechen. Meine Erleichterung entsprach dem Sommergewitter. Die Jury hat gestern über die neue Frisur entschieden. Dunkel, der jetzigen Frisur ähnlich, jetzt mit Pony. Die Beiträge der einzelnen Jurymitglieder waren von »Die finde ich besser«, »Das ist eher deine Originalfarbe, da sind aber keine grauen Haare drin« bis zu »Ach, hast du zwei aufgehabt?«. Ich hatte Spaß.

Blau ist die Farbe, die mich inzwischen sichtbar begleitet, meine Farbe. Seit Jahren, genau seit zwei Jahren, sind meine Fingernägel nicht lackiert. Den ersten Anstrich haben mir helfende Hände verpasst. Ich hätte aber nie gedacht, dass lackierte Nägel einer solchen Pflege bedürfen. Tägliches Nachlackieren, in Blau, ist notwendig, damit es halbwegs ordentlich aussieht. Mein Vorstellungsvermögen reichte nicht dafür aus, welcher Aufwand betrieben werden muss, Nagellack aussuchen. Die Farbe war klar. BLAU. Nur welches? Im Kühlschrank steht ein Glitzerblau, im Bad oben das ALBA-Blau. Glitzerblau sieht super aus, muss aber im Erstanstrich mehrfach aufgetragen werden. Bei ALBA-Blau reicht ein doppelter Anstrich für die optimale Deckkraft aus. Die Entscheidung ist zugunsten des, ALBA blauen Lacks gefallen. Das Auftragen ging dank der helfenden Hände schnell. Nachbessern dauert immer etwas länger. Besonders die rechte Hand macht sich, ich sag mal, blöd, ziemlich blöd. Da baue ich einfach auf das Hautabblätterprinzip.

Unabhängig vom blauen Nagellack beschäftigt mich das Thema Wasser. Blaues Wasser, damit ist der Bogen zum blauen Nagellack gespannt. Trinken ist wichtig, nicht nur für mich, für alle. Schlucke mal zwei Liter am Tag. Tag aus Tag ein. Oder umgedreht. Tag ein, Tag aus. Leitungswasser. Inzwischen lege ich Limetten Scheiben, Himbeeren, Apfelstücke, Gurke oder auch Pfefferminzstängel in das Wasser. Dadurch wird es aromatischer. Nicht alle finden diese Art vor. Wasser gut. Es gibt auch Leute, die bezeichnen es als Unkrautwasser. Ich lächle nett dazu.

Freitagsblues. Alle freuen sich auf das Wochenende und ich, ich freue mich auch. Ehrlich gesagt ist es ja so, dass ich zeitweise überlegen muss, was ist heute für ein Wochentag. Da kann ich das nur noch am Fernsehprogramm festmachen. Wenn ich es denn schaffe Lieblingssendungen zu schauen. Ich schweife ab. Also der Freitagsblues. Mein Freitag, hatte ich eigentlich schon erwähnt, dass es mir gut geht, nur weiterhin schnell müde und kurzatmig, das macht mich irre. Diesen Freitag bin ich um drei, um drei, nicht fünfzehn Uhr aufgestanden und mit meinen Kindern zum Flughafen gefahren. Sie reisten nach Kreta. Ich freue mich sehr für die beiden und wünsche ihnen gute Erholung, von mir. Bin dann wieder zurückgefahren. Nach zehn Tagen Autofahrabstinenz habe ich mein Auto selbst gesteuert. Es ging prima, nix verlernt. Mein Bett war auch noch da. Noch ein Mal kurz rein, um mich etwas auszuruhen. Dann waren da Termine. Fußpflege, Kaffeetrinken, Tasche packen, Mittagsschläfchen. Reise nach Potsdam. Alles hat gut geklappt.

Abends in Potsdam, die Stadt voller Touristen inklusive eines Fahrrad-Korsos, auf der Brandenburger Straße. Das Thema war unklar, aber die musikalische Untermalung erfolgte von Nina Hagen. Du hast den Farbfilm vergessen mein Michael. Wenn die wüsste.

Tag 33

Wochenende oder Zeit ohne Krankheit. Sonnabend. Ich fühle mich großartig. Sonnabends bin ich nicht krank. Wenn ich nicht krank bin, brauche ich neue Anziehsachen. Wirklich, ich brauche sie. Unbedingt eine weiße Jeans, schließlich ist Sommer und was ist Sommer ohne weiße Jeans? Richtig, ein Sommer ohne weiße Jeans. Da ich am Sonnabend ja nicht krank bin, Geldkarte und Baumwollbeutel geschnappt und alleine auf die Jagd nach der weißen Jeans. Die Verkäuferin fühlte sich beratungsstark und gab mir weiße Jeans aus der neuen Kollektion. Sah schei... aus. Als sie erkennen konnte, dass ich nicht die neue Kollektion wollte, lief unsere Käuferin (Kundin-Verkäuferin-Beziehung). Es gab die weiße Jeans für einen unschlagbaren Preis. Die Anprobe ging los. Von weiteren Hosen über Overall zu Oberteilen. Oberteile durften dann mit. Und ein Leinenkleid, welches direkt Mama zu mir gesagt hat. Nein, keine Angst, ich bin im Budget der ursprünglichen Jeans geblieben. Vielleicht ein winziges, Klitzekleines bisschen drüber. Ich hab eine weiße Jeans.

Leider hatte ich keinen weiteren Erfolg. Keine neuen Schuhe. Sozusagen als Nebenprodukt. Da das kein Ziel war, war es nicht weiter schlimm. Schön wäre es schon gewesen. Weil ich ja am Sonnabend nicht krank war, war der Tag noch nicht zu Ende. Am Nachmittag quengelte das neue Kleid (das, was Mama sagte). Es wollte ausgeführt werden. So traf es sich gut, dass die Gelegenheit für das Kleid war, sich in Menschenmengen zu zeigen. Gefühlte fünf Menschen auf einen Quadratmeter, dazu Eltern mit Kinderwagen, Fahrräder und Rollis nicht mitgerechnet. Also das neue Kind, äh Kleid, zeigte sich und erlebte eine Menge. Es gab Potsdamer Wein zu kaufen, es gab Foodtrucks, Musik, die Geschäfte hatten auf. Es wurde dem Kleid und mir zu viel. In die Geschäfte mussten wir nicht mehr. Eins haben wir doch noch aufgesucht. Mit uns ein Vater, der sein Rad mit Anhänger in den Drogeriemarkt schob. Aber nicht rückwärts rauskam. Also Wendemanöver im Laden. Dazu fällt mir nichts mehr ein.

Da ich ja nicht krank, war am Sonnabend, war es ein toller Tag mit einem Abend, der einfach nur toll war.

Tag 34

Am Sonntag in Potsdam gehört zu einem ausgeglichenen Tag ein Spaziergang in den Park, durch den Park. Aufstieg zum Schloss Sanssouci, zum Schloss ohne Sorgen. Über die Mitteltreppe, durch Weinstöcke und Feigenbäumchen gesäumt. Die Sonne scheint, am Himmel ziehen weiße Wattewolken vorüber, manchmal auch vor die Sonne. Oben angekommen, setze ich mich auf die Bank links neben den Alten Fritz. Reisegruppen kommen ihn nach wie vor besuchen und Reiseführer berichten in allen Sprachen über die Kartoffeln. Neben portugiesisch, circa zehn Leute, eine Reisegruppe 70+ und eine asiatische Reisegruppe. Diese ist durch die Nutzung von Schirmen bei schönstem Wetter zu erkennen. Schirme auch im Metalliclook, passend zu den Schuhen. Mundschutze. Irgendwie abgefahren. Das bei unserer tollen Luft. Gelernt ist gelernt. Jedem Tierchen sein Pläsierchen oder am Schloss ist der Tourist König und der König, gendergerecht die Königin, macht was er/sie will. Wir akzeptieren, ohne Sorgen.

Der Park selber ist ein Traum, egal wohin man schaut, das Auge findet immer etwas zum Festhalten. Da eine Skulptur, dort eine Pflanze, da eine Ente. Majestätisch die weißen Schwäne mit ihren silbergrauen Jungschwänen. Brückengeländer, Zaunanlagen, Wege.

Sonntagsausflug nach Ribbeck im Havelland. Mir als gebildeter Bürgerin fällt da gleich der Herr Fontane ein. Welcher den Herrn von Ribbeck mit dem Birnenbaum verewigte. ‚Ein Birnbaum in seinem Garten stand‘. In echt steht der Birnbaum vor der Kirche, nicht mehr der, den Fontane kannte, sondern einer seiner vielen Nachfahren. 1911 im Februar nämlich. Ich will nicht mit kultureller Geschichte langweilen. Ich mochte den gestrigen Tag. Mir ging es gut. Ohne Sorgen. Sanssouci.

Als Jugendliche habe ich mir immer vorgestellt, wie es sei als Fotomodell zu arbeiten. Besonders hübsch aussehen, schöne Klamotten anziehen und nett lächeln. In echt sieht es ganz anders aus. Also nicht, dass man nicht toll aussieht. Nicht, dass man keine tollen Sachen trägt. Nein, es ist das, was dafür aufzubringen ist, um tolle Fotos herzustellen, zu erhalten. Um Fotos zu machen braucht man ein Modell und einen Fotografen oder eine Fotografin. Soll das Shooting an einem besonderen Ort stattfinden, braucht man diesen einen besonderen Ort. Und es wird jemand für das Licht benötigt, braucht man mich. Ich war überrascht, wie wichtig das Licht ist. Perfekt ausgeleuchtete Fotos sehen einfach besser aus. Durch einen Reflektor wird das Licht auf das zu fotografierende Objekt geleitet, das Objekt wird ausgeleuchtet. Es hält eine ganz besondere Spannung, das Modell. Und nun ist mir auch klar, warum ich kein Modell ich sein könnte. Fehlende Körperspannung und fehlende Ausdauer. Auch bei der ,Figur-Erhaltung'.

Das Essen schmeckt wieder. Es schmeckt richtig gut. Leider. Am Nachmittag stand dann endlich der Besuch im Käsekuchenhaus auf dem Plan. Sechs Tische standen auf dem Fußweg, an jedem Tisch drei bis vier Stühle. Entsprechend viele Menschen. Sehr nette. Weniger nette. Am Nachbartisch links sitzen zwei Jura-Studentinnen, mit einem Beck. Ein Buch in dem Kommentare zu Gesetzen stehen. Also ein Buch, welches Gesetze interpretiert. Bisher wusste ich nicht, dass Potsdam so viele Jura-Studenten hat. Nicht nur Studenten besuchen das Käsekuchenhaus. Nein, auch die neue klassische Bio-Öko-drei-Kind-Radler-Familie. Das klingt nicht freundlich. War es auch nicht. Diese Bio-Öko-drei-Kind-Radler-Familie ist auf die freien Stühle hergefallen, wie Wespen über ein Stück Kuchen. Sie schafften es, das Caféhausfeeling von jetzt auf gleich zu vertreiben. Kaum hatte ich mich von meinem Stuhl erhoben, hatte ich den Eindruck, dass sie mir auch noch den Stuhl unter dem Hintern wegziehen würden. Haben sie nicht. Aber den Tisch sofort weggezogen. Obwohl noch mein »Wegkuchen'«darauf stand. Ich:»Ick nehm ma noch meen Kuch'n mit, wa?« - Der Vater:»Was heißt denn hier wa?«. So grundsätzlich mag ich Touris. Aber, ick hab die Ogen verdreht. Touris, in diesem Fall die Bio-Öko-drei-Kind-Radler-Familie, die sich nicht richtig auf ihren Urlaub im Berliner Dialekt-Gebiet vorbereitet haben. Wat sachsten dazu?

Tag 36

Wenn ein Tag eigentlich unspektakulär ist, einfach nur ein Tag. Was ist dann zu berichten? Zugfahren ohne besondere Beobachtungen, keine spannenden Leute, keine Kinder mit Großeltern. Keine Zugverspätung. Vollkommen unspektakulär. Was ist, wenn eins deiner Lieblingscafés noch keinen neuen Kuchen anbietet, weil noch sechs Reststücke vorhanden sind. Vier Schoko, ein Streusel und ein so unspektakuläres, dass ich vergessen habe, welches das war. Der Kaffee war gut. Unterhaltung toll. Ach ja, ich durfte auf einen Kinderwagen aufpassen. Das hab ich ziemlich gut gemacht, da der Kinderwagen noch da war, als die Besitzer wieder kamen, also falls jemand einen professionellen Kinderwagenaufpasser benötigt. Ich nehme Anfragen entgegen. Was will ich dann noch berichten? Davon, dass ich Linsensuppe mit Apfelstücken gekocht und dann aufgegessen habe, dass die Linsen dann im Bauch Samba getanzt haben. Ich glaube, die hatten eine richtig gute Party.

Tag 37

Bluttesttag. Vier Werte werden erfragt. Zwei waren top, zwei müssen sich bis nächsten Mittwoch erholen. Wie können die das, ich meine wie können die Werte verbessert werden? Essen funktioniert nicht, es geht nur über Sauerstoff. Tief einatmen. Bewegen. Raus an die Luft, spazieren und den Sauerstoff nutzen. So sollten die weißen Blutkörperchen sich erholen. Bei der Chemo wird eine Giftmischung in den Körper gepumpt, welche alle sich schnell teilenden Zellen tötet. Weiße Blutkörperchen teilen sich schnell. Haarzellen im Übrigen auch. Das Knochenmark wird angegriffen. Scheint auch bereits passiert zu sein. Meine Knochen tun weh. Noch ist es gut auszuhalten. Ich weiß ja, wofür das gut ist. Die Blutkontrolle geht ziemlich schnell. Zum Kapillarlabor, Finger piken. Ein Röhrchen Blut da lassen. Zur Schwester, das heißt, im Wartebereich Platz nehmen und ich hatte Spaß. Eine Patientin kam lächelnd, fröhlich grüßend, packte eine Sonnenblume aus. Sprach uns Wartenden an. »Oh, hier ist gar keine Vase. Dann leg ich die Sonnenblume her. Heute scheint ja draußen keine Sonne, dann haben wir einen Sonnenstrahl hier drinnen!« Ich fand das klasse. Zumal die Schwester dann auch noch mit der Suche für eine Vase beauftragt wurde. Klasse Idee für eine Aufheiterung, an einem grauen Tag.

Sommerurlaube sind einfach toll. Freunde und Kinder sind unterwegs. Nein, besser waren unterwegs. So langsam trudeln aber alle wieder zuhause ein. Voller Erlebnisse und Erinnerungen. Sonne getankt, gebadet, bewegt, gelaufen oder Rad gefahren. Die Welt erkundet. Urlaube, die meinen Neidpegel in die Höhe treiben. So ein bisschen Neid ist gesund. Neid spornt an. Neid ist das schlechte Gefühl, das man hat, wenn andere etwas haben, das man selbst gerne hätte, aber nicht hat. Mich spornt der Neid an, im nächsten Jahr gesund zu sein. Die Urlaube zu haben, auf die ich dieses Jahr neidisch bin. Ich werde sicher nicht sechshundert Kilometer Rad fahren, obgleich so ein Aktivurlaub schon großartig ist. Vielleicht auch nicht den klassischen Badeurlaub. Wanderurlaub, ja Wanderurlaub das könnte ich mir vorstellen, Wanderurlaub am Meer. An einem Meer, das ist ein Ziel. Mein Ziel, wenn ich mich nicht wieder umentscheide, ja Wandern am Meer, oder doch Radfahren? Den Usedomradweg, den Elberadweg von Dresden nach Prag oder umgedreht? Oder doch mit dem Flieger auf eine griechische Insel? Oder lieber doch nicht fliegen. Nicht Zugfahren, wegen der möglichen Ausfälle und Verspätungen. Obwohl da hab ich ja ein gutes Karma, im Gegensatz zu einer Freundin, deren Fahrten immer (fast immer) von Verspätungen begleitet werden und wenn es nicht der Zug ist, ist es der Flieger. Also falls ich eine Reise plane. Sorry. Ich plane dann eine längere Reisezeit ein.

Ich treffe mich mit Freude mit Freunden und höre neugierig die Urlaubserlebnisse an. Ja, anhören geht gut. Selber erleben nicht. Die Chemo scheint wirklich anzuschlagen. Inzwischen tun die Knochen noch mehr weh. Die Haare sind noch fest.

Hurra, alle sind wieder da. Wie werden die Lieben, welche von der Reise kommen begrüßt? Mit einem Willkommensessen. In unserem Fall war es ein echtes Nachtmahl. Oh nein, ich habe nicht in der Nacht gekocht. Die kluge Hausfrau kocht vor, meine backt vor. Es machte sich die Zeitschaltuhr an meinem Backofen bezahlt. Ich kam nicht so richtig in die Gänge. Der Vormittag plätscherte so vor sich hin. Auf einmal war es dann schon halb zwei. Zwei wunderbare Verabredungen hatte ich. Eine zum Kaffee und eine zum Abend. Zur Nacht ja dann auch. Drei wunderbare Verabredungen. Zur Nacht wollte ich ja das Nachtmahl anbieten. Schnell die Vorbereitungen, die Temperatur im Ofen regeln, die Bleche rein. Zeitschaltuhr an, 30 Minuten nicht mehr drum kümmern. Ab zur Kaffeeeinladung, wir fahren so vor uns hin, liegen super in der Zeit. Kommen an die Schranke. Auf unserer Strecke ist eine Schranke. Schranke zu. Meine Freundin schaut mich an und sagt »Halt mal still, du hast da was«. Fasst mir ins Haar und hat ein Büschel Haare in der Hand. Ich schaue sie an, fasse an die andere Seite und hab auch eins. Morgens waren sie noch alle fest. Wir schauten uns an und verdrückten die Tränen. Jetzt ist es sichtbar. Unabhängig davon war unser Kaffeekränzchen schön, von guten Gesprächen geprägt. Nicht so lange, wie vorgestellt. Es wartete nun noch eine Aufgabe, die da hieß: Schnipp-Schnapp Haare ab. 18 Uhr war es dann so weit. Die Frisörin hatte eine halbe Stunde zu tun. Jetzt trage ich den modischen Drei-Millimeter-Schnitt. In Schwarz-Grau gemustert. Danach musste meine Freundin erst mal einen echten Ouzo aus dem Wasserglas kippen. Bald ist Oktober. Dann wachsen sie vielleicht wieder. Zu meiner abendlichen Einladung war ich mit Glitzer Mütze und zu spät. Dafür habe ich den Abend sehr genossen. War dann zu spät zuhause zum Nachtmahl. Nur ein bisschen. Die Esser hatten es schon gefunden und bedienten sich selbst. Es schmeckte ihnen gut. Mir auch.

Tag 40

Der kleine See gehörte uns gestern ganz alleine. Keine Leute aus dem weiteren Umfeld. Keine aus dem näheren Umfeld. Keine Italiener und Holländer. Keine Besucher aus anderen Bundesländern. Nur ein Angler am anderen Ufer. Allerdings war der schon beim Zusammenpacken, um dann mit einem kleinen Boot über den See zu rudern. Es fehlte nur noch, dass er singt. »Jetzt fahrn wir übern See, übern See. Ein Ruder war nicht dran«. Hat er nicht. Vielleicht auch gut so. Die Stimmung wäre dann nicht so traumhaft gewesen. Ich kann mich nicht erinnern, wann ich das letzte Mal den See so für mich allein hatte. So muss es dem Schwimmer, der auf einmal auftauchte, auch gegangen sein. Er hatte das Wasser. Ich den Strand.

Danach gab es Mittagessen. Viele gesunde Sachen. Gewürzt mit Würzmischungen, die meine lieben Reisenden mitgebracht haben. Der Verdauungsspaziergang führte mich in eine kleine Dorfkirche, dort gibt es eine kleine Fotoausstellung. Schöne Naturfotografien. Einen Hermelin, der aus dem Gras schaut. Einen putzigen Igel, einen blauen Frosch und eine Fliege auf Würzpilzen. Die Bilder sind wunderbar komponiert, der Fotograf hat den Blick für die Natur und stellt für mich als Betrachter die Schönheit der Welt, in der ich lebe, wunderbar heraus. Es war der erste Tag mit drei Millimetern auf dem Kopf. Inzwischen erkenne ich mich im Spiegel.

Blicke von Leuten, wenn sie mich mit Mütze sehen. Unbezahlbar. An die Blicke muss ich mich gewöhnen. Aushalten. Weglächeln. Vor allem keine Unsicherheit zeigen, auch wenn sie da ist. Am See waren wieder Leute. Eine Familie mit einem schwarzen Hund. Keine Ahnung, was das für einer ist. Der Hund mochte mich, sah mich, legte einen Sprint ein, auf meine Beine. Ich kann, falls jemand Bedarf hat, als Statur arbeiten. Hab die Augen zu gemacht und mich nicht bewegt, keine Mine verzogen. Sein Herrchen rief ihn dann zurück. Augen vorsichtig auf, ganz vorsichtig. Der Hund hörte auf sein Herrchen. Guter Hund, gutes Herrchen. Geschwitzt. Mütze ab. Kurzer Blick der Badegäste. Alles gut. Am See sind wir sehr tolerant. Spazieren am Abend ist eine neue Art mich zu bewegen. Statt des Spazierens hätten wir sicher auch mit dem Bus in die Stadt fahren können. Ich vermute, dass die Stadt eine Buslinie in unserer Siedlung testet. In regelmäßigen Abständen fährt ein Bus durch meine Straße und stellt sich am Ende der Straße ab. Finde es nett, mit der Buslinie, wenn wir jetzt noch ein Haltestellenschild und damit eine Haltestelle bekommen ist es perfekt.

Tag 42

An Gartenarbeit hatte ich noch nie Spaß, obgleich ich Garten mag. Ich mag es an der frischen Luft zu sein, ins Grüne zu schauen. Noch lieber ins Wasser und am allerliebsten ins Meer. Gartenarbeit ist also nicht so mein Ding, trotzdem muss das bisschen, was im Garten zu tun ist, erledigt werden. Das Gras ist gut gewachsen, richtig gut. Äpfel Fallen vom Baum. (Un-)Kräuter wachsen in den Himmel. Der Holzschuppen. Nein, über den Holzschuppen schreibe ich später. Also kurz. Es war mal wieder notwendig. Rasenmähen konnte ich erledigen (lassen), Äpfel wurden aufgesammelt. (Danke). Der Garten sieht wieder gut aus. Bis auf den Holzschuppen. Das bekommen wir auch noch hin.

Danach, welche Überraschung, an den See. Kinderausflug am See. Viele Eltern mit Kindern im Alter von zwei bis vier. Erst dachte ich, dass eine Kindertagesstätte einen Ausflug machte. Die Kinder spielten alle sehr harmonisch miteinander. Es wirkte, als wenn sie sich kennen. War aber nicht so, denn dann hätten die Eltern der Kinder sich unterhalten oder gepicknickt oder Ball gespielt, oder was Leuten, die sich kennen, noch einfällt. Da ich kein Kind zwischen drei und vier, eigentlich gar kein Kind mithatte, konnte ich mich meiner Müdigkeit hingeben und bin eingeschlafen, auf meiner weißen Sommerhutkrempe. Wieder wach, hatte ich ein hübsches Muster im Gesicht. Danach wurde ich im wahrsten Wort von einem Vogel angeschissen. Ups, das wollte ich gar nicht schreiben. Sorry. So ein Vogelschiss bringt Glück. So wie auch meine neue Glückstasche, sogar eine Glückspilztasche. Ein Überraschungsgeschenk von einer Lieben. Damit ich alle meine Zettel darin aufbewahren kann und keine mehr vergesse. Vom Glück geküsst. Weniger glücklich bin ich mit meinen Haaren. Kopfhaut schimmert durch, die Haare tun beim Überstreichen weh. Das ist neu. Das habe ich nicht erwartet. Wirklich nicht.

Tag 43

Haare. Das mit den Haaren ist schon schwierig, sie fallen weiter aus. Um keinen zu verschrecken, ziehe ich meine Zweithaarfrisur an und sehe aus wie immer. So ging es dann zum Ausflug. Es entsteht der Eindruck, dass ich nur unterwegs bin. Den Eindruck habe ich auch, mache viel an der frischen Luft und viel, was mir guttut. Mein Seelenleben ist intakt, auch durch das unterwegs sein. Also meine Zweithaarfrisur und ich auf Ausflug. Mein Eindruck war, dass mich alle deshalb anschauen. Es war so nicht, ich sah normal aus. Total normal. Ich sollte der Zweithaarfrisur einen Namen geben. Bella. Die Schöne. Darüber denke ich noch mal nach.

Der Ausflug ging auf die Insl. Achtung ich hab mich nicht verschrieben, die schreibt sich so. Nach Kyritz. Ein traumhafter Ort, ein Eiland in der Natur, mit einem sehr hübschen Restaurant. Wild-romantisch. Ich hätte es einrichten können. Dorthin kommt man mit einer kleinen Fähre oder einem Ruderboot. Ruderboot bedeutet aber, man muss rudern können und am Steg anlanden. So etwas können nicht alle Menschen. Ein beobachtetes Paar hatte große Schwierigkeiten. Er, der Ruderer schaffte es nicht an den Steg. Sie versuchte das Boot am Steg zu halten. Hielt sich am Steg fest, hielt und hielt, ließ los und lag im Wasser. Er versuchte, sie beim Wiedereinstieg ins Boot zu unterstützen. Es dauerte eine Weile Er hielt sich gut. Ich hoffe nur, dass die Dame trockene Sachen mit hatte. Bella, die Zweithaarfrisur, juckte mich. Auf der Rückfahrt gab es noch einen Fotostopp in Linum. Dem Storchendorf. Dann nach Hause. Bella wurde gegen Mütze getauscht. Jucken war zu Ende und der Abendspaziergang fand ohne die juckende Bella statt.

Tag 44

Chemo Tag. Ich hatte nicht erwartet, dass ich so aufgeregt bin, dass mein Blutdruck eine neue Höchstmarke erreichen wird. Die Ärztin gab grünes Licht zum Anmischen des Giftcocktails. Dieselbe Prozedur wie vor drei Wochen. Nur hat es insgesamt länger gedauert. Wartezeiten dauerten etwas länger. Das gab mir die Möglichkeit meine Mitpatientinnen zu betrachten. Zwei kamen mit Mütze, einige hatten Perücke. Es gibt einige, die zur Unterstützung begleitet werden. Es gibt die üblichen Dauerrednerinneren und die Schweigenden. Keine Unterschiede zu gesunden Frauen. Unabhängig von der Wartezeit war unser Raum, der Chemosaal, noch leer. Ein Stuhl am Fenster noch frei. Das war meiner. Während das Gift in meinen Körper tropfte, schaute ich Serien, besser versuchte ich Serien zu schauen, keine Arztserie. Eine Krimiserie, besitze nun auch Kenntnisse in Ermittlungstechniken. Nur ein bisschen, weil ich anderthalb Serienteile verschlafen habe. Wach geworden bin ich von einem schrecklichen Piepen. Bis ich realisiert habe, dass es mein persönlicher Ständer war, der piepte, ich meine das Gerät, welches den Tropf regelte, waren meine Mittropfbekommenden schon wach. Die Schwester regulierte es.

Gegen 14:15 Uhr war mein Tag dann in der Chemo beendet. Seitdem ist mir schwindlig. Wird wieder. Thema Haare. Wenn Sie dann wieder wachsen, bleiben sie auch, sagt die Schwester. Gute Aussichten.

Es ist so schade, wirklich schade. Dass mein Plan für die gestrige Nacht nicht aufgegangen ist. Wirklich schade. Nein, nicht was, was ich jetzt denken würde (und jetzt jedem hier unterstelle), war der Plan. Der Plan war viel schöner, viel einmaliger, viel größer und toller. Und ausgerechnet der Plan konnte nicht aufgehen. Wer war schuld? Das Wetter. Der Plan sah vor, in der Sternschnuppennacht im Garten zu schlafen, die Sternschnuppen zu sehen und Wünsche auszusprechen. Luftbetten waren da, dicke Decken waren da, Thermoskanne mit Tee. Alles da.

Die Kälte auch. Das war mir zu riskant. Nun werde ich auf meine eigene Kraft bauen. Ich werde es schaffen, mir meine Wünsche zu erfüllen. Ich schaffe das.

Der erste Tag nach der zweiten Chemo war ein Okay-Tag. Viel geschlafen, Körper kribbelt. Das Essen hat geklappt, Spinat mit Ei gab es. Trinken war erfolgreich. Nichts Ungewöhnliches. An den Haarausfall habe ich mich gewöhnt. Es war der elfte August. Die Heizsaison ist eröffnet.

Einfach nur platt. Wenn das Highlight an zwei Tagen darin besteht Buntstifte anzuspitzen. Ansonsten dafür zu sorgen, dass das, was in mir ist, auch drin bleibt. Dann sind das nicht die Top-Tage in meinem Heilungsverlauf. Vielleicht sind es doch die Top-Heilungstage. Ich muss die Wirkung des Giftes spüren. So ist es auch. Die Putzkolonne hat sich wieder aktiviert, sie putzt ordentlich durch. Die letzten beiden Tage war eine starke Grundübelkeit vorhanden. Viel Schlaf und wenig Kontrolle über meine Körperfunktionen. Also, ich würde nicht behaupten, dass ich eine Dame bin. Der Körper, mein Körper reagiert stärker als bei der ersten Chemo, ein Zeichen, dass es wirkt. Freue ich mich darüber und leide leise.

Achtung: Ab heute es geht wieder aufwärts!

Tag 48

Da bin ich wieder, noch nicht ganz, aber fast. Das Wetter ist nicht so, wie ich es mir in Hochsommer vorstelle, eher um die zehn Grad weniger. Vielleicht auch zwölf. Ideales Wetter zum Wandern. Meine Wanderung begann mit dem Auto, ich wurde abgeholt und zum Ausgangspunkt meiner Wanderung gebracht. An einen See, den ich umwandern konnte. Eine Strecke, die ich realisieren kann. Nicht zu lang und bequem zu laufen. Der See war schnell gefunden, die Strecke lief sich prima. In guten Zeiten reichen 15 Minuten. Gestern brauchte ich etwa dreißig. Plus Pause. Damit war der Spätsommervormittag schon vorbei. Nach Hause, ab aufs Tagesbett. Schlaf ist erfrischend.

Der ALBA-blaue Nagellack hat über die Zeit gelitten, ziemlich gelitten. Nachteil beim Lacken der Nägel ist, dass es immer wieder wiederholt werden sollte, um den Eindruck von Gepflegtheit zu vermitteln. Es war wieder soweit. ALBA-Blau runter von den Nägeln. Neue Farbe aussuchen. Meergrün. Lacken und noch mal lacken und nochmal. Ergebnis, na ja.

Der innere Schüttelfrost. Anzeichen für die aktive Putzkolonne wird weniger, ist aber noch da. Anscheinend ist diese Art von Schüttelfrost normal. Menschen haben mir erzählt, dass es ihnen in bestimmten Situationen auch so geht bzw. der Körper reagiert. Es kann Gift sein, Ärger, Aufregung. Bei mir ist es das Gift. Am Abend gab es einen Ausflug zum See, zu unserem See. Zu meinem See. Als Privatstrand lag er da, lieblich im Sonnenschein. Wasser spiegelte die Sonne. Wolken zogen vor sich hin. Mir ging es gut.

Das große Kribbeln geht weiter. Der innere Schüttelfrost ist weiter da und das ist gut so. Putzen, putzen, putzen. In meinem Körper ist es anders, als in meinem Haus und Garten, da spielt das Thema Putzen keine große Rolle. Eine Grundordnung will ich einhalten, aber den Rest? Der ist auch schon wichtig, aber nicht so sehr. Ich glaube ja, dass es überbewertet wird. Anders ist es mit dem Körper, hier muss ich aufpassen. Haut sollte geschmeidig bleiben. Das heißt weiter cremen, cremen, cremen. Nägel kurz halten und lacken. Das beides bekomme ich perfekt hin. Bei den Füßen benötige ich Unterstützung. Da bin ich nicht so gut. Hatte tolle Unterstützung. Ein Nachmittag mit viel lachen und erzählen und im Ergebnis tolle Füße.

Appetit ist aktuell da und ich mag essen. Das ist gut und auch wieder nicht. Gut, weil ich, wenn ich esse, keine neue Baustelle aufmache, wenn ich aber zu viel esse, das ist das Thema, was mich immer wieder begleitet, ist eine andere Baustelle da. Durch die Brustschwester bin ich gewarnt, dass das passieren kann. Sie sagte, ich solle ihr nicht die Schuld geben, wenn ich nachher zehn Kilo mehr wiegen werde. Zehn Kilo. Ich kann sicher mehr.

Tag 50

Wie die Zeit rennt. 50 Tage nach der Diagnose. Zwei Chemo´s später. Untersuchungen, Blutabnahmen, Einsetzen des Ports. Ausflüge, Treffen, der See. Kein Urlaub. Haare ab, Mützen aussuchen, Perücke, Lochfraß am Kopf. Nägel lacken, Kosmetik finden, Schminken. Shopping-Tour. Enger Kontakt zu meinen Kindern. Freunden und Familie, Kollegen. Verrückte fünfzig Tage, so viel ist passiert.

Kurz vor der Diagnose war ich fünfzig Jahre. Jetzt sind fünfzig Tage vorbei. Das große Kribbeln wird weniger. Besonders ist es noch in den Händen und Füßen zu merken. Ausdauer wird weniger.

Den Abendspaziergang musste ich schnell beenden. Auf einmal zogen schwarze Wolken auf, es windete stark, trockene Blätter aus dem letzten Jahr flogen durch die Straßen. Der Gang nach Hause nun schnell. Ich wollte und durfte nicht nass werden. Die Putzkolonne putzt nicht nur die kranken Zellen aus meinem Körper, auch gesunde. Damit wird der Körper anfälliger. Er ist schneller angreifbar. Schnell zurück, hätte nicht erwartet, dass ich das in dem Tempo schaffe. Am Rande sah ich einen Zaun, der war, übersäht, von weißen Schnecken. Erst dachte ich, dass gekaute Kaugummis an den Zaun geklebt sind. Nein, es waren weiße Schnecken. Ist das ein Zeichen? Wenn ja, bestimmt ein gutes. Das war Tag fünfzig. Es werden mindestens noch dreihundertfünfzehn Tage folgen.

Tag 51

Ich glaube ja, dass jeder ein eigenes Verständnis von Wohnen hat. Es gibt Leute, den reichen wenige Quadratmeter, es gibt Leute, denen ist es wichtig, viel Platz und Weite zu haben. Manche gehen bei der Auswahl der Einrichtung so vor, dass sie jahrelang auf das eine besondere Stück warten, andere Nehmen einen Kleinkredit auf. Der eine muss sein Zuhause von Anfang an perfekt haben, bei dem anderen entwickelt es sich langsam und das Zuhause wächst. Langsam oder schneller. Also wie gesagt. Jeder hat sein Verständnis, sein eigenes Verständnis. Überlegungen am Rande. Ich habe Spaß am Wohnen und Leben in meinem zuhause. Gern hab ich Gäste und sehr gern mag ich es mit anderen zu kommunizieren. Telefonisch, schriftlich über elektronische Möglichkeiten oder ganz klassisch Auge zu Auge, gesprochenes Wort. Spaß an den Dingen. Neuigkeiten zu erfahren, über Gott und die Welt zu philosophieren, unverfänglich zu plaudern. Auch Auseinandersetzungen auszutragen. Oh mein Gott. Hier geht es dann doch mit mir durch. Beim Reflektieren einer Auseinandersetzung ist mir ein Wort in den Kopf geschossen. Lagerkoller. In der Zukunft habe ich mich mehr im Griff. Ich hoffe es. Plaudern, ein wunderbarer Nachmittag.

Das Bäckerhandwerk konnte noch eine kleine Einnahme verbuchen, ich bekam Kaffeegäste. Was ich nicht wusste, war, dass ich eine Stunde später noch einen halben Pflaumenkuchen geschenkt bekam.

Ja und dann war ja gestern der Bluttesttag. Alles im grünen Bereich. Bezüglich der Haare oder dessen, was davon übrig ist, habe ich eine Entscheidung getroffen. Umsetzung erfolgt später.

Tag 52

War nicht der optimale Tag. Ich bin abhängig von der Sonne. Wenn sie nicht da ist, fehlt mir Licht. Hoffentlich bekomme ich das noch hin, bis die sonnenlose Zeit kommt. Quatsch. Da mache ich den Ofen an. Ja, das werde ich dann machen und meine Gemütlichkeit pflegen, aber echte Sonne fehlt schon.

Putzkolonne arbeitet weiter, Schwindel ist fast vorbei, das Arbeiten in Händen und Füßen ist zu merken. Gut so. Alltag hat mich langsam wieder. Gern stehe ich morgens auf und mache Mitnehmstullen und leiste manchmal auch Fahrdienste. Ganz manchmal. Es ist ein Zeichen für Alltag.

In meinem Umfeld wird viel gelesen. Jeder hat irgendein Buch vor der Nase. Nur ich. Bald geht es wieder los. Eine Stunde am Tag ist jetzt für ein Buch reserviert. Ich freue mich schon auf die Verabredungen mit meinen Büchern, dann kann ich auch wieder mitreden und meine Buchbilanz auffrischen.

Es war nicht mein Toptag. Zumindest der Vormittag. Ich schiebe es ja echt auf die Sonne, aber das ist schon ausgeführt. Nachmittags dann ein nettes Plauderstündchen, welches mich aus der Jammerlaune rausgezogen hat. Das war wirklich gut. Sonst wäre ich vermutlich noch zur Nervensäge mutiert. Abends war dann alles wieder ok. Thema Haare. Es ist noch nichts Neues zu berichten.

Tag 53

Der Sommer ist zurück. Er war auf einmal wieder da, einfach so. Voller Sonne, leichter Wind. Gute Temperaturen, nicht zu warm, nicht zu kalt. Ein Sommer, wie im Bilderbuch. Nein, nicht wie im Buch. Er war so tatsächlich, so wahr, so echt. Er war am absolut richtigen Platz. Er war am See, an meinem See, das ruft doch schon nach einem Tag am See, um den Sommer zu erleben, zu konservieren, aufzusaugen. Sommer. Schon die Fahrt zum Sommer war beeindruckend. Zwei Lieblingsstellen passiert, eine befindet sich direkt hinter einer kleinen Siedlung, rechts ein Sonnenblumenfeld, die Pflanzen neigen sich der Sonne entgegen. Links ist der nahende Herbst zu ahnen. Das Feld ist abgeerntet, die Heuballen Liegen wie angeordnet auf dem Feld. Perfekte Fotokulisse. Am Ende dieser Idylle, links rum und es entsteht der Eindruck, ganz wo anders zu sein, im Urlaub. Ein leichter Anstieg, die Landschaft wird hügelig und der Blick ist frei. Am See, eine Gruppe von vier Frauen. Eine wie ein Urvieh. Ungekünstelt, gerade heraus, den eigenen Schalk im Nacken sitzend. Eine ruhig, bedacht mit einer natürlichen Begabung Dinge zu sehen und einzuschätzen. Eine dritte, zauberhaft, treu, freundlich, freundschaftlich. Die letzte, die alles beobachtet und aufschreibt. Exzentrisch gekleidet. Bikini, weiße Leggins, weißes Kleid, weißer Sommerhut, Stola um den Hals, als wäre sie eine der Figuren aus »Tot auf dem Nil«. Blicke am Bäckerstand waren mir sicher. Wir vier haben uns am See verabredet, um zu picknicken, zu baden und zu plaudern. Von alten und neuen Zeiten. Fünfundvierzig Jahre, wir sind älter, so lange kennen wir uns. Stimmt nicht. Eine kenne ich noch länger. Geplant war zu baden. Da bin ich leider raus, trotz der Sonne. Angst, mich zu erkälten, richtige Angst. Eine Erkältung könnte mich zurückwerfen, deshalb kein Bad. Es war trotzdem ein guter Tag, mehr als ein guter Tag. Schwelgen in Erinnerungen und reden über Zukünftiges. Ein Traum.

Tag 54

Bella war aus. Bella sah aus, wie frisch vom Friseur. Gekämmt, gerichtet, fest am Kopf. Fest am Kopf. Warm war sie schon. Ein Geheimnis von Bella ist, dass sie warm ist. So wie eine Mütze, aber nicht so gemütlich. Bella eben. Eine Freundin hat eine geniale Idee. Drei Druckknöpfe auf dem Kopf implantieren, Bella dann einfach anklicken. Ich selber fände es mit angeklebten Klettbändern komfortabler. Vielleicht mit integrierter Belüftung, welche über kleine Solarzellen, die an kleinen Glitzerspangen befestigt sind, gespeist wird. Das wäre echt komfortabler. Spaß bei Seite, es war so weit. Ich war genervt, supergenervt von den kleinen Haaren, die beim rüber streichen rieseln. Die Entscheidung wurde zu den Haaren getroffen. Rasierschaum, Rasierer und heißes Wasser waren da. Meine Rasierhilfe, mein Enra, auch. Es war eine neue Erfahrung und auch ein Erlebnis, welches mich sehr berührt hat. Es war so intim, so emotional. Danke dafür. Jetzt sehe ich aus, als wenn ich eine weiße Badekappe aufhabe, und schlafe mit Mütze. Erziehungszeit eben. Babykopf.

Vorm Schlafen waren Bella und ich unterwegs und hatten einen zauberhaften Abend.

Tag 55

Es ist kalt ohne Haare auf dem Kopf. Ich fand es immer lästig, wenn meine Mutter mir die Mütze aufgesetzt hat, damit ich mich nicht erkälte. Es ist tatsächlich so, die Mütze ist ein Wunderding. Sie macht gemütlich, wärmt und schützt. Leider hat sie auch dieselbe Eigenschaft wie Brillen. Sie versteckt sich, wenn sie nicht auf meinem Kopf sitzt, ebenso wie die Brille. Ständig bin ich am Suchen. Hektik steigt auf, das ist auch nicht anders, wenn von beiden mehrere vorhanden sind. Immer ist irgendwas weg. Immer.

Ein Tag, der gut als Sofa-Couch-Bett-Chilltag bezeichnet werden kann. Zu wenig getrunken, zu viel gegessen. Umgedreht würde es mir besser gefallen. Also. Trinken meine ich Wasser, Tee. Das Wetter hat sich abgewechselt. Regen, Sonne, Regenbogen. Wetter eben.

Ein Teil der Putzkolonne sitzt etwas in den Gelenken und im Lendenwirbel. Das kann aber auch nur die allgemeine Abnutzung sein. Der Rest, der größere Teil der Putzkolonne, arbeitet in Händen und Füßen. Es kribbelt, ein Gefühl, wie eingeschlafene Füße und Hände. Komisch ist nur das Kribbeln in den Lippen, das ist neu. Alles planmäßig. Ich liege im Plan.

Tag 56

Wenn jemand zu mir sagt »Du bist so stark, du schaffst das!«, denke ich immer, ja ich bin stark und schaffe das. Sicher. Aber, ich beneide alle anderen, die diese Stärke nicht brauchen. Freue mich für sie, dass es so ist. Grundsätzlich glaube ich, dass jeder Mensch die Stärke in sich trägt und diese im passenden Moment abrufen kann. Leichter ist es natürlich, stark zu sein, wenn das Positive im Leben gesehen wird. Es ist überall zu finden, es kann die Libelle sein, die sich auf deinem Knie niederlässt, es kann der Regenbogen sein, der sich über den Himmel zieht, der traumhafte Sommertag, oder auch der starke Regenguss, der die Welt in diesen Duft, diesen tollen Sommerduft taucht. Es sind die kleinen Dinge, die uns die Kraft geben, die mir die Kraft geben. Die großen Dinge finde ich im Umfeld, in meinem Umfeld jeden Tag und immer wieder in meiner Familie, in meinen Kindern, meinem Freund, meinen Freunden. Auch in den täglichen Begegnungen, das kleine Glück, das dort zu sehen ist. Es ist also einfach, stark zu sein. So einfach. Jeder ist stark.

Aktuell kribbeln noch immer die Finger und die Füße. So als wenn sich die Putzkolonne weiter aus dem Körper arbeitet. Sie sitzt immer mal in den Gelenken. Gute fleißige Putzkolonne. Appetit ist immer noch da. So richtig da.

Tag 57

Morgens, für mich morgens, für Leute, die arbeiten ist es schon fast mittags, regnete es. Es waren so feine Regentropfen, dass es sich angefühlt hat, als wenn die feine Sprühdüse an der Dusche benutzt wird. Der Regen hat mir gut gefallen, er war sehr fein. Allerdings musste ich wieder, ja wieder, springen, um alle Kissen und Auflagen reinzuholen. Die sind in dieser Woche bereits mehrfach nass geworden. Es hat gerade so geklappt. Gegen Mittag, für andere Leute Kaffeezeit, waren wir einkaufen. Der Kühlschrank und auch wir brauchten Nachschub. Zum Einkaufen war Bella mit. Kein Mensch hat geschaut. Bella ist wirklich gut gelungen. Auch nicht, als ich zum Abend eine Einladung zum auswärts essen hatte. Es war ein guter Tag. Hände und Füße werden geputzt. Sie kribbeln weiter. Auch die Lippen. Darüber freue ich mich weiter. Das Putzen ist ein gutes Zeichen. Ich bin zufrieden.

Tag 58

Super Wetter, ein toller Tag, warm, noch nicht zu warm. Ein schöner Spätsommertag. Gut auszuhalten. Es war ein Spätsommerblutabgebetag. Bella und ich waren pünktlich an der Zapfstelle. Pikser in den rechten Zeigefinger. Das Blut wurde in ein kleines, zartes Glasröhrchen gedrückt. Von da aus ging es in eine kleine Minidose, mit gelbem Deckel. Meine Vermutung: Das Blut wird dann auf ein Trägerblättchen aus Glas geschmiert. Und dann, weiß ich nicht wie es weiter geht. Auf alle Fälle wird die Untersuchung in diesem Raum gemacht und das Ergebnis im Computer eingetragen. Das geht reibungslos und ist unspektakulär. Eigentlich. Gestern begrüßte die diensthabende Schwester: »Die Blutwerte sind ok, aber sie haben den Zettel für nächste Woche abgegeben.« Ich: »Das glaube ich nicht, ich hatte nur den Zettel für diese Woche.« Sie: »Das kann nicht sein, die Daten stehen am 31. drin, das verfälscht alles« Ich: »Dann gehe ich noch mal ins Labor und wir schauen auf den Zettel.« Es ging noch etwas weiter, bis ich vorgeschlagen habe, dass wir damit jetzt aufhören, es bringt eh nichts. Damit war sie dann einverstanden, ich auch. Schwierig fand ich nur, dass die Schwester nicht auf die Idee kam, dass der »Fehler« gegebenenfalls im Haus liegt. Als kranke Patientin bin ich sensibel und kann damit nicht so gut umgehen. Sie notierte dann in ihrem Computer, dass die Werte vom 24. sind. Dazu habe ich dann nichts gesagt. Gestern war ja Bluttesttag und ich habe mein wöchentliches Update geschrieben und verschickt. Es stellt sich für mich die Frage, ist es eigentlich okay oder überfordere ich Menschen damit? Sollte ich es lassen, wenn jemand nicht darauf reagiert? Und wenn ja, wann? Darüber muss ich unbedingt nachdenken. In dem Zusammenhang habe ich auch überlegt, wie gehe ich mit Leuten um, die um mich Bescheid wissen, sich selbst aber nicht melden? Es gibt Leute, die es nicht interessiert und auch Leute, die sich nicht trauen zu fragen. Da habe ich heute eine echte Tagesaufgabe.

Tag 59

Ein Tag voller Sonne, der ein tolles Draußenleben ermöglichte. Begonnen mit Frühstück auf der Hollywoodschaukel. Mit Homemade-Müsli, total gesund, ziemlich gesund. Quark und langen Gesprächen über Freundschaft und Loyalität, und wie angekündigt dem nachdenken. Es ist so, dass jeder Mensch einen, seinen Freiraum braucht. Bei dem einen ist er enger, beim anderen weiter. Dazu hat jeder einen andern Umgang mit Krankheit. Außerdem kann jeder, der kein Interesse am Lesen hat, seine Lösch- oder Blockiertaste nutzen. Wenn das Gefühl entsteht, dass ich überfordere. Es besteht auch die Möglichkeit zu sagen oder zu schreiben, dass man es nicht haben möchte, das wöchentliche Up-Date. Mir tut es gut zu schreiben, zu reflektieren und zu plaudern. So war der Tag vom Nachdenken geprägt.

Und vom Obst verarbeiten. Der Pfirsichbusch lässt die Früchte fallen. Unser selbst gepflanzter Apfelbaum trägt das erste Mal nach sieben Jahren Äpfel. Topas. Ausgesucht von Enra, vor sieben Sommern. Die Äpfel sind knackig, leicht säuerlich. Schmackhaft. Eine gute Entscheidung, den Baum stehen zu lassen. Es war ein toller Tag.

Tag 60

Vierzig Grad auf dem Thermometer am Bahnhof. So warm war es auch auf Rhodos im Juni. Mein Tag war spannend. Vormittags Mohnkuchen und Kaffee in der Müllerstraße, in der Hauptstadt des Landes, zu mir genommen. Leute beobachtet. Ich weiß nicht, was besser war, der Mohnkuchen, der Kaffee oder die Leute, die ich beobachten konnte. Da waren die Trinker, die schon am Morgen mit ihrem Wegbier die Straße runter schlenderten, oder waren es doch übriggebliebene Partygänger? Da waren die grellblonden Damen, mit gepflegtem Haarwuchs am Kinn, die sich einen Kaffee gönnten. Da waren die Mitbürger mit Migrationshintergrund, welche zum Teil lautstark auf sich aufmerksam machen mussten. Da war der elektrische Rollstuhlfahrer, der im höchsten Gang und mit Tochter auf dem Schoß die Straße runterheizte. Die Frauen, die sich noch einen Kaffee to go holten, im Wegwerfbecher und da waren die Parkplatzjäger, die nur darauf lauerten, dass wir unseren Parkplatz Räumen. Erst mal nicht. Mein Auto passte nicht in die Straße. Zu klein, zu neu, zu preiswert. Dabei ist es so klein auch nicht. Es passt ein riesiger Koffer rein und ein Trekking-Rucksack und ein Wanderrucksack und eine Handtasche und eine Plastiktüte. Eine Beifahrerin und ein lieber Besuch. Ich ohne Bella. Mehr Platz war dann aber nicht mehr. Lieber aber schlecht gefahren, als gut mit öffentlichen Verkehrsmitteln zu reisen. Besonders wenn an der Ringbahn gebaut wird. Mein Autofahren klappt tageweise gut, manchmal weniger gut.
Irgendwann sind wir zuhause angekommen. Die Terrasse gehörte mir. Bis zum Abend. Dann wechselte ich, ich weiß genau, was kommt, beziehungsweise, was erwartet wird. Nein ich wechselte nicht ins Bett. Sondern ins Auto. Es gab eine Einladung zum Pizzaessen. Der Tag war gut. Es ging mir gut.

Tag 61

Es war heiß, so heiß. So unerträglich heiß. Es war so schlimm heiß, dass ich alle Nebenwirkungen die angekündigt waren, auf einmal hatte. Am liebsten würde ich den Tag gefühlsmäßig streichen. Kribbeln in Füßen und Händen war mir zu viel. Die Luft war schwerer zu atmen. Die Schleimhaut im Mund ist leicht angegriffen. Mir war es sogar zu viel an den See zu fahren. Geschweige denn nach Potsdam. Nichts ging so richtig. Die Hitze machte nicht nur mir zu schaffen. Die Katzen lagen den ganzen Tag irgendwo im Schatten. Auf der Straße waren wenig Leute zu sehen. Die Kinder berichteten, dass der See voll war. Es ist kein Geheimtipp mehr. Meine Freunde, die auf der Durchreise waren, kann ich das so schreiben, waren gargekocht. Ich glaube, das ist der richtige Begriff. Sie waren bereits seit sieben Stunden unterwegs und hatten noch zwei bis zweieinhalb vor sich. Es war ein kurzer, aber lieber Besuch, der mit dem Versprechen endete, dass ich bald auf ein verlängertes Wochenende hinfahre. Das mache ich bestimmt. Bald ist ja relativ, aber. Jetzt nicht wundern. Obwohl nichts so richtig ging. Essen ging und trinken auch. Und schlafen.

Fazit: Es liegt am Wetter. Es soll sich etwas abkühlen.

Tag 62

Was war das für ein Tag? Nichts erlebt, ich konnte nichts erleben. Gar nichts. Auch dieser Tag war mir zu heiß. Es war so heiß, dass ich nichts machen konnte. Nur den Kreislauf pflegen. Selbst eine Picknickverabredung am See konnte ich nicht einhalten. Dabei gab es so leckere Sachen. Spinatbrot, Kuchen, alkoholfreies Radler, Oliven und getrocknete Tomaten. Für Leute, die Fleisch essen, gab es Fleischbällchen. Ich konnte einfach nicht mit. Die Hitze war nicht zu ertragen. Schade, es war sehr schade. Also nichts erlebt, nun wird es wieder besser.

Dieses sollte das Jahr werden, in dem ich alle Termine, die ich habe, bereits weit vorher erledige. Meine Steuererklärung wollte ich bereits im März abgegeben haben. Jetzt habe ich eine Bitte des Finanzamtes erhalten, diese bis zum 30. 9. abzugeben. Für Bücher aus der Bibliothek, nie mehr Überziehungsgebühren zahlen. Wieder nicht geklappt. Fahrkostenabrechnungen immer sofort einreichen. Auch das nicht geschafft. Nicht nur das nicht geschafft, sondern den Antrag verlegt. Verbummelt. Entsorgt? Es ist schwierig mit Terminen und deren Einhaltung. Mich hat dieser Fahrkostenantrag gestresst. Der erste Teil war nicht mehr auffindbar. Es musste ein Neuer her. Eine Freundin druckte mir den Antrag aus. Die Schule muss die Angaben bestätigen. Also gab es einen Ausflug zum Schulsekretariat. Das befindet sich nicht weit vom schwedischen Möbelhaus meines Vertrauens. So ließ sich der Ausflug zum Schulsekretariat direkt mit einem Möbelhaus-Ausflug verbinden. Ich habe keine Teelichter mitgebracht. Keine Glasdosen. Meine Teelichter sind Holzbügel. Acht Stück für 3,99 Euro. Zwei Pakete. Freue mich schon, wenn diese zu den gefühlten anderen hundert Bügeln kommen. Es sieht schon schön im Schrank aus, wenn die Kleidungsstücke auf gleichen Bügeln hängen. Darüber habe ich mir in der Vergangenheit keine Gedanken gemacht. Gehört das zu meinem Krankheitsbild? Ich hoffe nicht.

Tag 64

Jeder hat so ein Fach, in dem Dosen stehen, liegen oder einfach nur rausfliegen. Wo die Deckel nicht passen, oder sogar fehlen, an anderen Orten wieder auftauchen. Und wenn man die Dosen braucht, dann sind sie weg. Ich erinnere mich an ein Bild mit einem Spruch zu dem Thema: »Meine Mutter hat mir beigebracht, dass jeder Haushalt einen T*****dosenschrank braucht, aus dem alles rausfällt, wenn man ihn aufmacht.« Das ist für mich kein Thema, da ich die Dosen im Schubfach aufhebe. Doch nie ist die da, die ich benötige. Dieses Thema ist aber bald keins mehr für mich. Neue Dosen sind bestellt und werden bald geliefert. Enna sagt zu mir »Du hörst dich schon an, wie eine Hausfrau.« Ist das jetzt positiv? Als ich in meiner letzten Erziehungszeit war, konnte ich die Windelpreise und die Gläschenpreise auswendig. Das hatte mich damals erschreckt, nun rede ich über Dosen. Gehört das zur Erziehungszeit dazu?

Ich habe es geschafft, zeitig aufzustehen. Zeitig bedeutet vor sieben Uhr. Das Aufstehen war erforderlich, da ich verabredet war, eine Freundin zu einem Termin zu begleiten. Ich mag es mit den Freundinnen zusammen zu sein. Auch wenn es »nur« Termine sind. Am späten Nachmittag gab es dann Teil zwei der Antragstellung Fahrkosten. Der Ausflug, um den Antrag persönlich abzugeben. Mir kam der Weg ewig vor. Ein Teil der Strecke fuhr ich immer, wenn ich zur Arbeit gefahren bin. Ich bin der Strecke entwöhnt. Bella war zu beiden Terminen mit. Beim zweiten Termin habe ich den Pony eingeklemmt. Werde nie eine Dame.

Und dann Abendbrot. Bunten Salat mit Backgemüse, Grillkäse und warmen Honig Senf Dressing. Bin verliebt in das Essen. Meine körperliche Kraft geht zurück, latente Schmerzen in den Knochen sind da. Bin oft und viel müde und extra faul. Ich hoffe nur, dass es normal ist, das bekomme ich raus. It´s Chemo Time.

Tag 65

Spannend. Die PCs in der Klinik sind abgestürzt. Viele Dinge passieren heute per Hand. Die Schwester hat mir Angst gemacht. Sie schaute in den PC, dann auf mich, dann ging sie zur Ärztin rein, dann sagte sie »einen Moment«, verließ den Raum, kam dann mit einem Zettel. Der Grund war, dass wie schon beschrieben, die Computer abgestürzt waren. Es war kein An-, sondern ein Blitzeinschlag in den Hauptrechner. Dafür habe ich vollstes Verständnis. Viel Verständnis. Deshalb dauert heute alles länger. Viel länger. Sonst ist die erste Tüte nach zwei Stunden durch. Heute habe ich nicht einmal angefangen. Dann passiert noch was ziemlich Aufregendes.

Ich warte vor der Mammographie. Es wird gleich geschaut, ob dieses kleine böse Ding in der linken Brust geschrumpft ist. Wenn, dann wäre es schon toll. Bis ich dran war, hatte ich noch etwas Zeit. Da ich noch Tabletten benötigte, bin ich in die Apotheke gegangen. Aus Versehen habe ich vorgedrängelt. Das habe ich erst gemerkt, als ich das Rezept über den Tresen gereicht habe. Jedenfalls habe ich dann zu ihr gesagt, dass sie dafür in meine Tasche schauen darf, es sollte ein Witz sein. Ich musste, um an mein Portemonnaie zu kommen, die Tasche auspacken. Darauf meinte die Frau, sie sei auch Mutter. So sieht der Inhalt meiner Tasche aus, bei ihr wohl auch. Gesagt habe ihr dann nicht, dass ich in Elternzeit für mich bin. Aber sie schaute mir beim Einpacken zu. Nackenhörnchen, Tuch, Mütze. Tasche für die Unterlagen, mein iPad. Zwiebelbrötchen und Decke. Der Rest konnte drin bleiben. die Dame neben mir hatte Spass. Dann zum Ultraschall. Der Radiologe hatte zu tun, die Stelle zu finden. Gut, dass der Clip gesetzt wurde. Er konnte kein Knotengewebe mehr finden. Wirklich keins. Das bedeutet, die Therapie schlägt an. Der Knoten ist weg. Dennoch muss das volle Putzprogramm weiterlaufen. Die Zellen, die Mistviecher sind so fies, dass es nicht bedeutet, wenn es nicht zu sehen ist, dass auch alles weg ist. Es ging heute nur um die Verlauf-Kontrolle. Remission ist das Fremdwort. Ich bin echt superzufrieden. Uff. Eine Last ist abgefallen, aber so richtig. Nun warte ich, dass ich an meine Chemostation angedockt werden kann. Beobachte in der weiteren Wartezeit meine Umwelt. Eine Dame ist da. Die zur Behindertentoilette ging. Aus Versehen hat sie einen Rettungsknopf gedrückt. Die Rettung dauerte dann fünf Minuten. Ich hoffe nur, mir passiert nicht mal etwas Schreckliches auf der Toilette und ich muss gerettet werden. Ansonsten sind alle Nebenwirkungen normal. Ich soll mich nur bewegen. Ich war so lange unterwegs, als hätte ich gearbeitet. Acht Uhr war ich im Klinikum, im Kapillarlabor und um 16:45 Uhr war ich wieder zuhause. Der Tag war seit der Diagnose und dem Feststellen, dass ich keine Metastasen habe der befriedigendste in der ganzen Zeit. Ich hatte ja bereits beschrieben, dass der Knoten nicht zu finden war. Das heißt, die Chemo schlägt an und was für mich noch wichtiger ist, die Ärzte sind mit Ihrem Therapieansatz auf dem richtigen Weg.

Ich hatte ja auch geschrieben, dass ich vor der Mammographie wartete. Die Untersuchung war dann mit Ultraschall, etwas weniger Strahlenbelastung. Der Beginn der Chemo verschob sich an diesem Tag auf einige Zeit. Auf unbestimmte Zeit. Irgendwann ging es dann aber los. Meine vier Tüten hingen am Ständer. Kopfhörer in die Ohren, Serie an und direkt eingeschlafen. Habe die falsche Serie ausgewählt, nicht, weil sie zu langweilig war, sondern z sehr zum Mitdenken anregt. Nächstes Mal nehme ich wieder was Langweiliges mit. Ich hing so meinen Gedanken nach und dann kam ein Gedankenblitz. Wenn der Tumor nach zwei Chemos nicht mehr zu sehen ist, wie hochgradig ist dann das Gift. Kein Wunder, dass die Nebenwirkungen so stark sind.

Um es noch einmal zusammenzufassen. Ich bin glücklich. Mein Umfeld auch.

Tag 66

Eigentlich geht es ja um den gestrigen Tag. Er war toll und nicht wie ein Nachchemo-Tag. Mir ging es gut, die Putzkolonne ist ganz langsam wach geworden. Konnte Pläne schmieden und freute mich, dass mir die Chemo am Mittwoch so gut bekommen ist. Die Dritte. Habe gegessen. Dinkelvollkornbrot mit Backgemüse und zum Abend Zucchinipuffer aus geschenkten Zucchini.

Die gemachten Pläne. Ende des Monats bekomme ich ein neues Gartentor und einen Schuppen. Dann sind gestern auch die neuen Dosen angekommen, das Ergebnis einer Teleshoppingtour. Das bedeutet, den Dosenschrank aufräumen. Bei mir ja das Fach. Hoffe, ich bekomme es hin. Wenn nicht, dann freue ich mich auf morgen und die Dosen.

Mir ist kalt. Es scheint, dass die Putzkolonne loslegt. Gestern war das schon zu beobachten. Der Tag war schlapp, nicht der Tag, sondern ich war schlapp. Viel geschlafen, wenig Bewegung. Die Büchsen stehen noch so, wie ich sie ausgepackt habe.

Schön ist, dass das eine Kind wieder da ist. Es ist schon schöner, wenn ich nicht ganz alleine bin. So ganz alleine bin ich ja eigentlich nicht, die Katzen sind ja da. Die Welt um mich rum ist unbeschreiblich schön, Sonnenschein. Wärme. Schönheit.

Warum schreibe ich eigentlich täglich, oder fast täglich. Es ist die Reflexion der Tage, der Zeit für mich. Was passiert mit mir, mit meinem Körper, mit meinem Umfeld. Was finde ich wichtig im Umgang mit der Krankheit. Auch ist es mir wichtig, zu zeigen, keiner braucht Angst zu haben, vor der »Entdeckung«. Wir sind gut aufgehoben und finden die beste Unterstützung. Und ich möchte zeigen, dass das Leben da ist, dass es weitergeht, auch wenn es andere Dimensionen annimmt. Ich möchte einfach die Sicht auf die Dinge, die da passieren, aus meiner Perspektive zeigen.

Nun bin ich gespannt, wie der neue Tag wird. Es sieht aus, als wenn es sonnig wird. Und mir dann warm.

In unserer Straße gab es gestern eine Einschulungsparty. Das Grundstück war mit einer Wimpelkette und Luftballons geschmückt. Kinderstimmen bis in den späten Abend. Erwachsene, die mit den Kindern auf der Straße spielten. Andere Nachbarn grillten in Familie. Grillduft zog rüber. Alle genossen den Spätsommertag und Abend. Mir war schlecht. Trotz Besuch und dem Versuch, die Übelkeit zu unterdrücken. Trotz Apfelkuchen und Tee. Trotz Rosenkohl. Trotz Zwischenschläfchen. Die Erholung scheint immer länger zu dauern. Achtung! Ich jammere nicht. Ich bin glücklich, dass das Gift hilft. Wirklich, ich bin glücklich und freue mich über meine heile Welt um mich rum. Nächstes Jahr um diese Zeit habe ich Gäste zu den lauen Sommerabenden.

Tag 69

Ein Spaziergang an der frischen Luft. Es kostete mich Überwindung. Eigentlich hatte ich nicht die geringste Lust. Absolut nicht. Nicht im Geringsten. Aber es tut mir gut. Es tut mir ausgesprochen gut. Ich bin froh, dass ich abgeholt wurde und ich mitgegangen bin. Der Spaziergang war anstrengend, die Luft, meine Luft war schwer. War platt, als ich wieder ankam. Zuhause, auf meinem Bett, also auf dem Bett in der Küche. Ein Glas Wasser mit Limettenscheiben, ein Genuss. Dann ruhte ich mich aus. Mir war nicht mehr schlecht. Nur noch ein bisschen. Ein kleines bisschen. Mir war gut, ziemlich gut. Das Wetter war ungeschlagen, es fing an zu regnen, ein starker reinigender Regen. Nun bin ich, seit halb vier wach. Am Tag 70. gut, dass ich Mittagsschlaf machen kann.

Tag 70

Eine runde Zahl. Tag siebzig. Kalt und übel gestartet, bis ich in die Wanne ging. Das erste Mal seit siebzig Tagen. Ich war in der Wanne, mit Rosenbad. Eigentlich wollte ich nicht in die Wanne gehen, wenn keiner im Haus ist. Nun ist aber der Alltag wieder da, alle haben wieder ihr Tun. Die leichte Zeit des Sommers ist vorbei.

Ich war in der Wanne, danach bin ich noch mal ins Bett zurück unter die Vier-Jahreszeiten-Decke gekrochen. Mir war nicht mehr kalt. Dann habe ich die Zeit vertrödelt. Auf einmal war es schon fast zwei und ich wollte Mittag machen. Das wurde dann hektisch.

Am späten Nachmittag dann einen kurzen Sprint durch die Küche, um Ordnung zu schaffen. Dabei bin ich am Fliegenfänger hängen geblieben. Das war ziemlich eklig, zumal er beim Aufhängen ein zweites Mal an mir klebte.

Dann hatte ich Gedanken, Überlegungen, warum sich Paare trennen und warum sie sich finden und was das Leben noch so bringt. Für mich und für andere. Solche Überlegungen finde ich spannend.

Erneut die Polster von der Hollywoodschaukel vergessen zu nehmen. Nun sind sie gut durchgespült.

Nachts musste ich mich entleeren. Vom Gefühl her war es eine innere Grundreinigung (vielleicht hätte ich es nicht schreiben sollen). Nun geht es mir wieder gut.

Tag 71

Spazieren gehen, ist klasse, wenn es langsam und gemütlich vorangeht. Die Spazierstrecke vermittelt das Gefühl von Urlaub, die Straßen sind anfänglich nicht befestigt, es fahren wenige Autos. Der Weg führt an den alten schönen Grundstücken entlang. Es gibt wenig Änderungen. An einem Haus wurde die Fassade gereinigt, das könnte ich auch mal machen lassen. In den Gärten stehen Apfelbäume, voll mit saftigen Äpfeln. Der Weg führt über einen Trampelpfad am Feldrand weiter. Am Nachmittag war der dann verschwunden, der Weg, das Feld wurde umgepflügt. Dafür roch die Welt nach frischer Erde. Wahnsinn, dieser Duft in der Luft. Der Zaun, an dem im Sommer die Massen an weißen Schnecken waren, ist noch immer von ein paar Schnecken besiedelt, es sind viel weniger geworden. Auch sie merken das Ende des Sommers. Was mir noch aufgefallen ist, das Licht ist am Nachmittag grandios, das Farbspiel fasziniert mich.

Ansonsten bin ich Bilderbuch-Patientin. Die angekündigten Knochenschmerzen sind da, sie sind vergleichbar mit Wachstumsschmerzen, die ich als Kind hatte. An diese erinnere ich mich noch. Abends gab es süßsaure Eier, mehr ist gestern nicht passiert.

Tag 72

Blutabgabetag. Ich hab keine Ahnung, wie viel Blut da gezogen wird. Es ist minimal. Ein dünnes Glasröhrchen, von dem läuft das Blut in ein kleines Aufbewahrungsgefäß. Das Blut wird dann gleich untersucht, es dauert Minuten und dann ist das Ergebnis da. In meinem Fall war es super, sagt die Schwester. Ich bin zufrieden mit mir. Bevor ich mein Blut abgeben konnte, musste ich etwas warten. Vor mir war ein kleines Mädchen zum Blutabgeben. Das hat mich betroffen gemacht, sehr betroffen. Wie ungerecht ist die Welt.

Ja und dann war auch gestern wieder was los. Eh ich die Klinik betreten konnte, fühlte ich mich in die Zeiten meiner Jugend zurückversetzt, als wir noch Zivilverteidigung übten. In der Klinik war ABC-Alarm. Vor der Tür zwei Helfer, die uns davon abhielten das Gebäude zu betreten. Wir von draußen seien alle kontaminiert, sagten sie zu uns. Auf meine Frage, ob es sich um eine Übung handelt, bejahte er dieses. Dann war ich beruhigt, ich will mir nicht vorstellen, was gewesen wäre, wenn es sich nicht um eine Übung gehandelt hätte. Die Übung wurde dann beendet, in dem wir erklärten, dass wir nicht kontaminiert sind, so einfach löst sich ein ABC-Alarm auf.

Tag 73

Sommerwetter, Spätsommerwetter. Ich weiß gerade nicht, was ich schöner finde, Hochsommer oder Spätsommer oder Frühsommer oder Frühling. Ich weiß es nicht, wirklich nicht. Der Spätsommer hat den Vorteil, dass die Nächte kühl werden. Gestern war einer dieser zauberhaften Spätsommertage. Warm und weich, wirklich weich. Damit meine ich vorrangig das Licht, es ist die Tage einfach wahnsinnig schön, weich, warm. Und dieses tolle Licht. Endlich war ich wieder am See. Erst dachte ich, es wird extrem voll sein. Autos an den Parkplätzen, es waren so viele. Viele mit B-Kennzeichen. Keine Italiener. Franzosen oder Belgier. An der Badestelle gab es dann tatsächlich Schattenplätze.

Die Leute am See. Direkt neben uns, ein Pärchen auf Wohnungssuche, auf der anderen Seite, zwei Frauen Ende zwanzig, Anfang dreißig mit einem Mann, einem Kleinkind und einem ganz kleinen Baby. Sicher kann ich hier nur die Mutter zu dem Baby zuordnen. Ja und dann war da noch ein nackter Mann mit Wanderschuhen. Das war etwas skurril, sehr skurril. Der See ist schon toll. Wirklich.

Was war sonst noch? Am Vormittag habe ich rumgefault. Die Motivation, aktiv zu sein, fehlt weiterhin. Na nicht ganz. Ich habe einen Plan gemacht für die nächste Woche. Einen richtig guten Plan. Davon später, an einem anderen Tag. Aber!!!! Aber!!!! Nach dem See, das muss ich berichten, war ich fleißig. Ich mutierte zur Küchenfee. Kartoffeln schälen, Kapernsoße, Kochklopse (nicht für mich). Ein traumhaftes Tomatenrisotto als Wegzehrung für mein Reisekind. Das Risotto kann warm und kalt gegessen werden. Vielleicht bleibt ja etwas übrig.

Die Füße sind neu, richtig neu. Natürlich nicht die Füße, sondern die Zehnägel. Blau mit weißen Punkten. So wie immer oder fast immer. Es hat den Anschein, als wenn ich Fan einer bestimmten Keramikproduktion aus Thüringen bin. Das ist es nicht. Nicht, dass ich blau-weiß gepunktete Keramik nicht mag, aber ich bin kein Fan. Fan bin ich von Birnen. Die mag ich in jeder Form. Nur nicht zu matschig. Sonst sind sie fast mein Lieblingsobst. Das erwähne ich, weil ich ein paar geschenkt bekommen habe. Die werden es nicht schaffen verarbeitet zu werden. Sie sind sicher gleich alle.

Und wie bin ich zur Fußpflege gekommen? Mit dem Auto. Selbst gefahren und da ich schon mal unterwegs war, bin ich direkt weitergefahren und habe einen Besuch gemacht. Neben einem tollen Gespräch bekam ich selbstgemachtes Eis angeboten. Kirsch und Heidelbeere. Ich hab nicht abgelehnt. Da fahr ich mal wieder hin.

Dann passierte nicht mehr viel. Ein langes Schläfchen und dann chillen. Das Kribbeln im Körper geht weiter, meine Wangen sind gerötet. Die Putzkolonne ist noch nicht fertig.

Der Vormittag stand im Zeichen der Wäsche, der Bügelwäsche. Shirts und Blusen, auch ein, nein zwei Kleider, sind nun wieder glatt. So frisch gebügelte Wäsche sieht schön aus. Auf den gleichen Bügeln noch mehr. Nun sind die neuen Bügel in Benutzung. Danach, nach einer kurzen Erholungspause, bin ich mit dem Auto nach Berlin gefahren. Es war eine Herausforderung, die ich geschafft habe. Die Rückfahrt, die Rückfahrt bin ich nicht gefahren. Das war auch gut so. Es gab eine brenzlige Situation, die ich sicher nicht gemeistert hätte. Wir waren auf der linken Spur, da setzt ein rotes Auto den Blinker und zieht ohne zu schauen rüber. Es war so knapp, so sehr knapp, ich hätte es nicht geschafft. Ohne Hirn und Verstand. Zuhause angekommen bereiteten wir ein Picknick vor. Picknick für den See. Am See, lange Schatten, tolles Licht, tolle Luft, goldener Sonnenschein, mit leichter, feiner Feuchtigkeit. Die Luft ist gut zu atmen. Familien mit kleinen Kindern. Ein entsprechender Geräuschpegel. Nach und nach gehen sie nach Hause. Die Kinder diskutieren, weil sie aus dem Wasser sollen: »Wir protestieren auf allen vieren.« Manches wird sich nie ändern. »Wann hat es sich eigentlich eingeschlichen, dass die Leute wieder nackt umher gehen?«, werde ich gefragt. Ich glaube, das war nie weg. Ansonsten gibt es laute Unterhaltungen, über Kirche und Kirchenzusammenlegungen. Ein Herr spaziert, nachdem er erst nackt war. Im Feinrippschlüpfer umher, mit Wanderstab. Dann wurde es ruhiger. Von fern waren die Motoren des Rennens zu hören. Wir starteten unser Picknick. Nudelsalat, getrocknete und frische Tomaten. Oliven und Gurken, dazu Radler, alkoholfrei. Phänomenales Licht. Als die Teilnehmer nach dem Rennen, von der Rennstrecke kamen. Mit Likör und Seife ins Wasser gingen, sind wir nach Hause, das passte uns nicht und es passt nicht zum See.

Tag 76

Der neue Tag begann so, wie der alte aufgehört hat. Am See. Mit einem Frühstück am See. Vorher, also bevor wir das Frühstück essen konnten, musste es vorbereitet werden. Brötchen backen, also aufbacken. Eier kochen, Belag zusammensuchen. Butter, Marmelade, Käse. Tee und Heißgetränk zubereiten. Und dann aufteilen auf die einzelnen Taschen. Kühltasche und normal. Pünktlich um zehn waren wir am See. Erste Reihe, der freie Blick, die Stille. Bevor wir uns allerdings niederließen, sammelten wir erst mal Müll. Den Müll vom Vortag. Plastebecher, Schampoflasche, Servietten. Ein junger Mann machte mit. Er hatte sogar einen Müllbeutel dabei. Der junge Mann aß auch Frühstück am See. Er hatte seins gekocht. Vielleicht hat er am See übernachtet. Langsam füllten sich See und Strand. Familien, reife Eltern mit kleinen Kindern. Alleinerziehende. Dann kamen die »Waschleute« vom Vorabend. Die Idylle war vorbei. Hunde zwischen den Kleinen. Dialekt gefärbte Unterhaltungen. Motorengeräusch. Wenn der Strand voll ist, dann ist der Platz in der ersten Reihe der schlechteste. Wir sind nach Hause.

Äpfel aufgesammelt und verarbeitet. Experimentelle Küche. Apfellasagne, Apfeleis, Apfelkompott. Mittags (um drei) gab es gebackene grüne Bohnen in Tomatensoße und Backkartoffeln. Zum Abend Focaccia. Mir selbst geht es gut, nur Ausdauer fehlt. Das Thema Bewegung. Ich bin faul, bewegungsfaul. Eigentlich darf ich es sein.

Tag 77

Siebenundsiebzig. Es war einer der besten Tage, die ich hatte. Gesundheitlich und von der Motivation. Erst sah es nicht so aus. Aber von Beginn an: Früh waren beide Kinder da und wir haben gemeinsam gefrühstückt. Eierkuchen mit einer großen Marmeladen-Auswahl. Selbstgemachte und geschenkte. Danach sind wir alle eine Runde durch die Siedlung gegangen. Der Bus stand nicht da, auch kein Haltestellenzeichen, also ist das mit dem regelmäßigen Busverkehr durch unsere Siedlung doch nur eine Überlegung. Wir liefen eine Runde. Es war schön. Als wir wieder zuhause waren, war ich fertig, fix und fertig. Mein Bett rief: »Komm her, komm her. Ich bin so allein.« Ich musste Bett enttäuschen. Unter die Dusche und Bella geschnappt, auf die Rückbank ins Auto. Enra am Bahnhof ausgesetzt und weiter zur Bibliothek. Hoffentlich schaffe ich es diesmal, die Bücher rechtzeitig zurückzubringen. Dann einen Kaffeebesuch. Pläne geschmiedet. Danach, das war richtig gut, eine Runde um die Stadtmauer. Mit jedem Schritt wurde es besser. Nachmittags dann Ruhepause. Der späte Nachmittag gehörte dem See. Da war es wie immer. Meine Versuche, Sudokus zu lösen schlugen fehl, muss ich weiter üben, um den Kopf zu trainieren, dann klappt es sicher auch besser. Der nackte Mann, der neulich mit seinen Wanderschuhen am Strand lief, saß diesmal in Yoga-Pose im Schatten und schien zu meditieren, mit Kopfhörern. Auch das sah eigentümlich aus. Auf dem Rückweg vom See war ein traumhafter Sonnenuntergang zu beobachten, an der Stelle, wo noch vor kurzem die Heuballen zu sehen waren. Leider hatte ich kein Handy mit und auch keine Kamera. Echt schade. Vielleicht schaffe ich es ja heute 19:11 Uhr muss ich spätestens an der Stelle sein.

Es war ein so heißer Tag. Von Mattheit geprägt und einer Hitzewarnung für ältere und gebrechliche Menschen. Ich habe mich dann in die Gruppe gebrechlich zugeordnet. So war der Tagesablauf geprägt von Rumliegen auf dem Tagesbett und abhängen auf der Hollywoodschaukel. Mittags gab es eine Aktivität. Weintrauben abschneiden bei der Nachbarin. Der Geschmack dieser Trauben so süß, als hätten sie jeden Sonnenstrahl einzeln eingefangen. Mittags gab es total ungesund. Pizza. Sie schmeckte so gut. Als der Abend dann langsam kam, kroch ich dann vom Tagesbett und ab ins Auto. Mit Pizzaschachtel und Getränken. Enra abgeholt und in Richtung See. Die Sonne war schon unten. Den Sonnenuntergang verpasst. Es wurde immer dunkler. Der Abstieg zum See ging noch ohne Taschenlampe. Mein Kind sprang ins Wasser. Danach wurde die Pizzaschachtel geplündert. Aber wir waren nicht allein. Ein Schwimmer, der sich, als er aus dem See kam, angezogen hat. Seine Kleidung bestand aus einer orangenen Warnweste. Nicht mehr. Wir am See sind tolerant. Sehr tolerant. Um vom See zum Auto zu kommen, brauchten wir Taschenlampen. Mir war unwohl, durch die Bewegung der Taschenlampe bewegten sich die Blätter. Ich dachte immer, dort sei was. Dreiviertel neun waren wir zuhause. Es war stockdunkel.

Tag 79

Der Bluttag war ohne Vorkommnisse. Keine Havarie, die dran wäre. Keine Katastrophenschutzübung und kein PC-Ausfall. Also alles im grünen Bereich. Zumindest im Krankenhaus. Bei der Blutabnahme hat die Laborantin so eingestochen, dass die Wunde bis zum Abend zu spüren war. Das Blut, welches rauskam, war gut. In drei von vier Komponenten. Ich weiß gar nicht, ob 75 vH noch eine Zwei ist. Wohl eher nicht. Der Anteil, der Neuros, heißt es, ist nicht okay. Das sollte ich bis Mittwoch wieder hinbekommen.

Endlich, wirklich endlich ging es auf eine Reise. Nicht an die polnische Ostsee, nein an die deutsche Nordseeküste. Büsum war unser Ziel. Jedoch reisten wir nicht ohne einen Zwischenstopp bei lieben Freunden. Sie wohnen im Pferdeland, in einem dieser Orte, in dem möglicherweise mehr Pferde als Menschen wohnen.

Auch hier gibt es neben den unzähligen Pferdekoppeln Städte. Kleinststädte. Einen Ausflug in eine solche Stadt war für den Nachmittag geplant. Eine zuckersüße Klein(st)stadt. Jeder kennt hier jeden. Es ist kaum zu glauben, auch hier gibt es einen See. Den besuchten wir auch noch an diesem Nachmittag. Der obligatorische Rundgang über die Pferdekoppel durfte nicht fehlen. Das Wetter war gut, es windet, warmer Wind. Ich selber hatte einen guten Tag. Leichtes Kribbeln in Händen und Füßen. Es ist gut zu ertragen.

Molfsee, ein Museumsdorf, in dem aus ganz Schleswig-Holstein zusammengesuchte Häuser, Scheunen und Höfe aufgebaut werden. Ein Ort aus vergangener Zeit. Schön, idyllisch, antik. Gern wollte ich das alles anschauen. Dazu war es notwendig, rechtzeitig dort zu sein. Wir ließen uns mit dem Frühstück viel Zeit, sehr viel Zeit. Plauderten über vergangene Zeiten und genossen frische Hühnereier. Es war ein Grünes dabei. Irgendwann, so gegen elf waren wir dann so weit. Nur ein bisschen Verfahren, waren wir dann schnell dort. Es war so, wie vorgestellt, alte Häuser, wunderbar gepflegt, alte Gärten. Eine Korbflechterei und eine alte Apotheke. Wir sind ungefähr sechs Kilometer gelaufen und das obwohl eine kleine Bahn, welche durch das Gelände fährt, kostenfrei ist. Ich war mit Hut unterwegs, für Bella war es zu warm, viel zu warm. Neben dem schönen Gelände gab es noch ein Fotoshooting eines Brautpaares zu sehen. Vielleicht hat das Paar ja eine besondere Beziehung zu alten Bauernhäusern. Die Braut war zart und schlank. Der Mann stattlich (was für ein Wort).

Zu drei Uhr waren wir an einer Reithalle verabredet, um bei einer Trainingsstunde im Dressurreiten zuzuschauen. Vielleicht haben wir ja eine zukünftige Olympiasiegerin gesehen. Vielleicht, alles ist möglich. Danach, der Tag war sommerlich warm, wieder an einen See. Es waren wenig Leute da. Der Strand ist eine vollverschattete Wiese. Ich war wieder nicht in Wasser. Es war mir zu windig. Abends dann ein weiterer Besuch auf der Koppel und dem dortigen Reitplatz, zum zuschauen. Ich mochte das gern, die Hofkatze Herzchen leistete mir Gesellschaft.

Tag 81

Für so eine Reise an die Nordsee braucht man allerlei. Wetterfeste Kleidung. Sonnenkleidung. Sonnenschirm (wohl eher nicht) und Gummistiefel. Gummistiefel braucht man wohl immer. Und wo können Gummistiefel am besten gekauft werden? Meine neuen Gummistiefel kommen aus einem Outlet Center. Das war's dann aber auch. Mir fällt mein Schrank wieder ein. Ich brauche nichts aus dem Outlet.

Vor dem Besuch im Outlet hatten wir ein langes ausgiebiges Frühstück. Mit Käseplatte. Nach dem sich anschließenden Kaffestündchen ging es dann auf die große Reise nach Büsum.

An der Nordsee fing es an zu regnen. Aber es hörte auch wieder auf. Zwei Fähren genutzt (Die sind kostenfrei, da sie über Kanäle führen). Unsere Unterkunft gesucht. Sie liegt direkt hinter dem Deich. Und dann? Nordsee. Es war Ebbe. Das Watt sieht großartig aus. Im Abendlicht. Ein langer Spaziergang auf dem Deich im abendlichen Zwielicht. 10. 000 Schritte waren geschafft. Ein Matjesbrötchen auf die Hand rundete den Tag ab. Es herrscht Urlaubsstimmung. Ich bin gern hier. Meine Knochen spüren es.

Das Irrste von gestern habe ich doch glatt vergessen. Wir kommen vom Matjesbrötchen essen zurück. In unserem Zimmer brennt Licht. Wir die Treppe hoch. Zimmertür auf. In unserer Dusche steht ein Mann. »Ich Dusche reparieren«, sagt er. Wir sind konsterniert.

Die Vermieterin hat vergessen, Bescheid zu geben. Sie erzählte uns, dass sie aufhören wird. Ich glaube, das ist auch besser so.

Tag 82

Es ist nicht zu glauben, wie toll sich das Wetter gehalten hat oder besser gesagt entwickelt hat. Zeitweilig war der Himmel strahlend blau. Manchmal schoben sich ein paar Wolken vor. Ein Vormittagsspaziergang ging um die Familienlagune. Dabei haben wir uns überlegt einen Strandkorb zu mieten. In der ersten Reihe. Das haben wir dann auch getan. Erste Reihe ist wichtig, um Leute zu beobachten. Was wir nicht bedacht haben. Auch wir wurden angeschaut. Hinter unserem Strandkorb hatten fleißige Baumeister eine riesige Sandburg gebaut, verschönt mit den großen Muscheln. Ich hätte so etwas nie im Leben geschafft. Ja und vielleicht haben die Leute uns ja gar nicht angeschaut. Sondern die Sandburg. Die Leute waren überwiegend junge Paare mit Kindern oder älter mit noch älteren im Rollstuhl. Die Wege sind behindertengerecht, so dass es sich anbietet, diese zu nutzen. Da wir eine Tagesmiete für den Strandkorb gezahlt haben, nutzten wir diesen auch den ganzen Tag. Toll war, dass der Rückgang des Wassers so gut zu sehen war. Auf einmal war es weg. Abends sind wir durch das Watt gestapft. Kleine Krabben, kleine und große Muscheln und Unmengen von Wattwürmern waren zu sehen. Und natürlich ein spektakulärer Sonnenuntergang. Nicht zu vergessen, die anderen Menschen im Watt. Insgesamt bin ich über acht Kilometer gelaufen. Im Watt sind dann die neuen Gummistiefel zum Einsatz gekommen. Damit habe ich mir das Abspülen der Füße erspart. Und das vollkommene Nass werden. Der Wasserdruck war extrem. Das Laufen ist gut. Die Knochen tun weh. Das ist normal. Und wird bald besser.

Tag 83

Der Tag begann mit etwas Ärger. Oder besser gesagt. Ärgerlich.

Zu einem schönen Frühstück gehören unbedingt frische Brötchen. Am liebsten eine Auswahl. Solche bekommt man am besten bei einem Bäcker. Also bin ich mit dem Auto los zum Bäcker. Bäcker gefunden. Kein Parkplatz. Runde gefahren. Immer noch kein Parkplatz. Ein System von Einbahnstraßen durchfahren. Noch kein Parkplatz. Inzwischen hätte ich schon gelaufen sein können. Und da. Ein kleines Hotel. Ich rein in die Lücke. Raus aus dem Auto und rein in den Bäcker, zwei Kunden vor mir. Brötchen ausgesucht, um sofort Ansagen zu können, was ich möchte. Ich hatte auch schon eine Vorstellung, wie lecker die Brötchen sind. In dem Moment. Eine Kellnerin aus dem Hotel kommt auf mich zu. Ich dachte, es sei die Bedienung aus dem Bäcker. War sie nicht. Sie zu mir:»Sie haben doch eben bei uns ihr Auto abgestellt?« Ich:»Hier gegenüber?«

Sie:»Ja. Sie müssen unbedingt wegfahren, der Parkplatz ist für unsere Gäste.« Inzwischen wäre ich dran gewesen. Ich mit ihr raus. Ich:»Glauben Sie nicht, dass ich die zwei Minuten hätte noch stehen können?«

Sie:»Nein, unsere Gäste Reisen an. Die haben ja schließlich bezahlt.«Ich:»Okay.«

Mein Blutdruck erreichte ungeahnte Höhen. Ich habe das Auto weggefahren. Auf dem Fußweg geparkt. Wieder in den Bäcker. Gut, dass ich noch wusste, welche Brötchen ich wollte. Gekauft. Zurück zum Auto und zur Unterkunft. Der Parkplatz am Hotel war im Übrigen noch frei.

Nach dem ausgiebigen Frühstück. Mit frisch gebratenem Ei und den leckeren Brötchen wanderten wir auf dem Deich in den Ort. Zielsicher zum dänischen Eis. Ich hatte ein kleines, das hat gereicht. Dann ging es zurück ins Zimmer. Das erste Mal ein Mittagsschläfchen. Danach ging der

Spaziergang in die andere Richtung. Insgesamt liefen wir gestern circa elf Kilometer. Irgendwann habe ich mich dann erkältet. Seitdem läuft die Nase. Erst flüssig. Dann flüssiger und zwischendurch auch fest. Bekämpft wird es mit einem asiatischen Einreibemittel und Lutschbonbons. Ich hoffe nur, dass es keine Rolle für die nächste Chemo spielt.

Tag 84

Es gab diesmal keine Bäckerbrötchen, sondern »Mitnehmbrötchen«. Belegt mit Käse. Der Tag war geprägt von einem Ausflug. Besser gesagt »Ausschiff«. Wir liefen über eine Apotheke zum Hafen. Helgoland wir kommen. Mit uns gefühlte fünfhundert andere Tagesbesucher nur auf unserem Schiff. Die See war ruhig, so dass die Überfahrt entspannt war. Mein Kaffee und die »Mitnehmbrötchen« blieben drin. Der Schnupfen machte mir zu schaffen. Insgesamt habe ich über den Tag fünf Packungen Taschentücher verbraucht. Und die guten Bonbons aus der Apotheke gelutscht. Die mit der Fahne. Allheilmittel asiatisches Einreibemittel red tat sein übriges. Und ich roch gut.

Auf dem Schiff war ein Herr, ein Bediensteter, der, der die Getränke ausgibt. Der erzählte die ganze Zeit. Über Rindergulasch, den seine Freundin gekocht hat, über Milchreis aus der Kombüse. Auf der Rückreise dann über Fußball. Er ist. Nein, das sage ich nicht. Fan. Auf der Insel angekommen sind wir sofort auf die Düne zu den Kegelrobben und Seehunden. Eine kleine Kolonie war zu beobachten. Die Tiere sind schon putzig. Wie sie sich in einer Wellenform vorwärts bewegen. Putzig. Dann auf die Insel Helgoland. Mit dem Fahrstuhl in die »zweite« Etage. Der Rundweg über die Insel war super. Dort konnten wir Kleingärten, Klippen und Geschichte sehen. Und das Anwesen des Nördlichsten, auch hier sage ich es nicht, Fans. Zum Shoppen hatten wir keine Zeit. Oder nur ein bisschen. Ich hatte zwei Bio Limos.

Die Rückfahrt. Besagter Bediensteter unterhielt die Leute. Wir hatten einen weiteren Kaffee und Käsekuchen. Und jeder ein Buch. Wobei ich erwähnen möchte, dass ich bereits das Zweite in der Woche las. Der Rückweg zum Apartment war auf dem Deich. Gekrönt von einem spektakulären Sonnenuntergang. Eine große rote Sonne versank im Watt. Wat war dit schön. Ich hatte meine Taschentücher und die asiatischen Einreibemittel. Dann ging es bald ins Bett.

Tag 85

Tschüss Büsum, hallo zu Hause! So war der Tag gestern. Begonnen mit einem Spaziergang im Watt. Ich verstehe immer noch nicht warum die Ebbe abends und morgens da ist und die Flut nur am Tag. Und kurz. Aber das werde ich wohl nicht erfahren. Am Hafen in Büsum gab es dann ein Fischfrühstück. Noch etwas Shoppen. Und zurück zum Auto. Die Reise nach Hause ging los. Stopp eins. Nach Stau und unfairem Verhalten von Lkwfahrern. Hamburg. Auf einen Kaffee bei lieben Freunden, Stopp zwei an der Sporthalle. Das große kleine Kind eingesammelt. Er hat dort Basketball gespielt. Und Stopp drei. Mein Bett. Gute Nacht.

Tag 86

Ein neuer Chemotag ist angesagt. So war es geplant. Also früh aufstehen. Duschen. Zähne putzen. Haare machen. Ach nee, das ist ja nicht notwendig. Mütze. Das Übliche eben, das morgens so getan wird. Tasche vorbereitet. Nackenhörnchen, Decke. IPad mit neuen Serien Handy vollgeladen. Laborschein. Getränke und ein »Mitnehmbrötchen«. Bequem angezogen. Pünktlich, superpünktlich. War ich dann da. Blut gegeben. Zur Schwester. Und mein Blut, ja, das Blut war nicht okay. Die Neutros sind noch mal schlechter. Der Wert soll mindestens 1,5 sein. Er war nur noch 1,0. Mein Immunsystem. Es ist nicht okay. Es ist durch die Erkältung angegriffen. Die Chemo fand nun gestern nicht statt. Die Ärztin meinte, wenn ich das Gift bekommen würde, könnte es sein, dass ich nicht aufstehe. Mir war nicht klar, dass es so gefährlich ist. Dann eben ein neuer Termin. Freitag wird das Blut kontrolliert. Mittwoch ist die Chemo geplant.

Nun besitze ich seit Jahren wieder ein Thermometer. Ein Fieberthermometer. Das muss ich kontrollieren. Also die Temperatur. Sollte ich Temperatur, nein, Fieber, denn Temperatur habe ich ja immer (haha). Also, wenn ich Fieber bekomme, dann muss ich direkt ins Krankenhaus. Zurück nach Hause und direkt ins Bett. Aufgestanden nur zum Essen. Mein großes kleines Kind hat wunderbar gekocht. Kürbisrisotto. Davon hätte ich gern mehr.

Ansonsten tut der Körper weh. Besonders an der Schulter. Ich hoffe, das ist bald weg. Zumindest arbeite ich daran. Einreiben mit einer asiatischen Heilsalbe. Wozu die alles gut ist.

Tag 87

Es ist nichts passiert. Den Tag habe ich so rum bekommen. Der Schnupfen scheint weg zu sein. Ich bin überrascht. Was kann sonst berichtet werden, eigentlich nichts. Ach doch. Mein kleiner Fingernagel ist abgebrochen. Nun erklärt sich, warum ich sie kurz halten soll. Nun habe ich heute eine Aufgabe. Da fällt mir ein, dass es eine Untersuchung gibt, die sich mit Nagellackfarben beschäftigt. Meine Farbe ist blau. (ALBA-Blau). Auch dazu gab es eine Aussage. Bisher habe ich keine weiteren blauen Nägel gesehen.

Bei ALBA-Blau fällt mir ein, am Wochenende fängt die neue Basketballsaison an. Dieses Jahr wird die Basketballwelt auf mich, zumindest in den Basketballhallen, verzichten müssen.

Am Nachmittag war noch ein Besuch, klein, sehr klein, weiß und neugierig und fotoscheu. Stand an der Terrassentür und kam rein. Als ich mich bewegte haute sie wieder ab, die Katze der Nachbarn. Bestimmt kommt sie bald wieder.

Tag 88

Blutkontrolle. Ich war ziemlich aufgeregt. Der Herr Laborant im Kapillarlabor zog mir Blut. Und machte »Small Talk«. Wo, denn die xxx Straße sei in Bernau? Ich kann das ja ziemlich gut erklären. Er hatte es auch gut verstanden. Wir wussten dann beide, wo die xxx Straße ist.

Dann zur Schwester. Es war echt gut. Das Blut ist in allen Werten wieder im Wunsch-, Normbereich. Die Neuros liegen sogar bei 2. Ich kann nur sagen. Läuft. Nicht die Nase, sondern die Gesundung. Der Chemo nächsten Mittwoch steht nun nichts im Weg.

Zur Feier des Tages habe ich dann den blaugelben Laden leer gekauft. Zuhause umdekoriert. Beide Kinder haben mich wunderbar unterstützt. Dann war ich platt. Sehr platt. Aber der Raum ist toll

Tag 89

Bella, die Perücke, durfte mal wieder aus dem Haus. Aber von Anbeginn an. Endlich habe ich es geschafft, die Terrasse aufzuräumen. Hierzu fehlte von Anfang an die Motivation. Nun wurde sie, die Terrasse, gefegt. Die schönen Zapfen zur Seite gelegt. Und der Tisch abgewischt. Wir werden sie wohl kaum noch nutzen in diesem Jahr. Oder vielleicht doch. Im goldenen Oktober.

Ja und dann ging ich mit Bella aus. Hatte ich gestern nicht gesagt, die Turnhallen dieser Welt müssten auf mich verzichten? Konnte ich doch nicht Widerstehen und habe ein kleines Spiel vom kleinen großen Kind angeschaut. Ich mag es, ihm beim Spielen, beim Basketball spielen, zuzusehen. Was mich und andere irritiert hat, war das übliche Drücken der anderen Mütter, besser das Nichtdrücken. Ich konnte nicht wegen meines Immunsystems. Habe aber nicht gesagt, dass es wegen dem kleinen bösen Ding (welches ja inzwischen Weg ist) in meiner Brust ist. Ich wirkte komisch. Glaube ich.

Spannend war, dass Bella nicht erkannt wurde.

Die Reise ging weiter nach Potsdam. Eine Fotoausstellung mit Porträts Potsdamer Künstler. In einem Künstlerhaus (Rechenzentrum). Bevor die Führung durch die Fotoausstellung begann, habe ich die Malerei besichtigt. Porträts, welche starke, schöne Münder hatten. Dann gab es ein Picknick. Quiche mit Kürbis, Schafskäse und rote Zwiebeln. Ich durfte nicht das ganze Blech haben. Mal sehen, ob ein Nachmachen funktioniert. Durch die folgende Fotoausstellung haben die Fotografen einen selbst geführt. Sie haben Künstler des Hauses fotografiert. Ich mag die Porträts.

Bella war dann langsam durchgeschwitzt. Jetzt trocknet Bella auf Thomas Mann, auf einem Buch des Künstlers.

Tag 90

Was bietet ein Traumtag? Bisher war ich traurig, dass der Sommer zu Ende ist. Nun weiß ich wie toll, wie zauberhaft der Herbst ist. Warm, nicht zu warm Sonnenstrahlen in einem warmen Licht. Leichtes flimmern in der Luft. Beginnende Färbung des Laubes. Es gab einen Ausflug. Mit Bella. Aufs Land, übers Land. Mit Blick aufs Wasser. Auf Wälder und Felder. Ein Ausflug eben. Und das Ziel war eine Straußenwirtschaft in den Weinbergen von Werder. Wir saßen auf Bierzeltgarnituren, eigentlich komisch, dass Bierzeltgarnituren im Weinberg stehen. Es gab frischen Federweißen in rot und in weiß und den Wein vom Weinberg. Wir durften den Weinberg begehen, die einzelnen Reben anschauen und Kosten. Erklärungsschilder standen an jeder Reihe. Nun weiß ich Bescheid. Über den Wein. Zumindest weiß ich, wo ich schauen kann. Es gab Zwiebelkuchen, Wurstsalat und Käseplatte. Meine Bestellung. Zielsicher. Zwiebelkuchen. Mir lief das Wasser im Mund zusammen. Und dann gab es einen Geistesblitz Speck. Zwiebelkuchen wird mit Speck gemacht. Dann eben die Käseplatte. Es war ein traumhaftes Wetter, Licht, Essen. Begleitung. Ein Spaziergang auf der naheliegenden Insel Werder sollte von einem Kaffee gekrönt werden. Ein Tisch in einem alternativen Café war schnell gefunden. Die männliche Bedienung, welche wir Ansprachen, sagte: »Der Peter, ähm der Wirt nimmt gleich die Bestellung auf.«. Der Peter kam dann die nächste Viertelstunde nicht. Aber vor unserem Tisch blieb dann eine Familie, sechs Personen, stehen, um zu diskutieren, ob es Eis im Café gibt. Ein paar Meter weiter saß eine Gruppe von Sonntagsradlern. Schlimmer als Sonntagsfahrer. Abends haben meine Kinder mich abgeholt. Bevor wir abgefahren sind. Ein Besuch bei Potsdams Vietnamesen, mit ziemlich authentischer Küche.

Tag 91

Aufregung gab es wenig. Ein Tag, der einfach so da war und vor sich hin plätscherte. Nach schlecht schlafen und schwer in Gang kommen. Die letzten Äpfel gesammelt. Nun sind sie fast alle. Irgendwie ist das auch komisch, drei Monate lang brauchte ich nur in den Garten um sie aufzusammeln. Einige hängen noch. Im Vorgarten steht ein Baum, der dieses Jahr zum ersten Mal getragen hat. Nach mindestens sieben Jahren ohne ein Zeichen, dass dort jemals ein Apfel wachsen wird. Nach dem Sammeln kam das Schälen. Und kochen von Apfelkompott. Für vier Gläser hat es gereicht. Kleine Gläser. Eins ist dann noch geplatzt. Ich habe gehört, wie es gesprungen ist. Schade. Ansonsten brauchte und wollte ich Ruhe. Immer mal ein Schläfchen. Das tut gut. Aber auch faul. Mal sehen, wie der nächste Tag wird.

Tag 92

Jetzt ist die Zeit für Zwiebelkuchen und Federweißer oder Wein. Aber Zwiebelkuchen ohne Speck. Bei dem Ausflug am Sonntag gab es ihn nur mit Speck. Mag ich nicht. Mein Appetit war angestachelt. Gestern war es dann soweit. Zwiebelkuchen nur mit Zwiebel. Ohne Speck, mit Majoran aus dem Garten (der ja eigentlich Oregano ist). Mein Appetit war da. Appetit ist sowieso so ein Ding. Mein Eindruck ist, er ist unstillbar. Schade, wirklich schade. Mir würde es besser gehen, wenn er nicht so da wäre. Also leichter wäre es. Ich wäre leichter. Nur habe ich keinen Ansporn mich auch darauf zu konzentrieren. Ich habe andere Baustellen. Nur wenn ich mich nicht langsam zusammenreiße, wird das nichts mit schlank, blonden Locken und vor Gesundheit strotzend wieder in der Welt sein. Tja und der Zwiebelkuchen. Der ist für die Figur nicht förderlich. Aber für die Seele. Soulfood eben.

Tag 93

Der Tag war geprägt von der Chemo, es war die Letzte von den starken Wirkstoffen. Doch bevor das Gift so in meinen Körper eintröpfeln konnte, hatte ich ein paar Wege zu gehen. Erst Kapillarlabor, dann die Schwester. Bei der Ärztin staute es sich etwas. Es war eine Vertretungsärztin. Diese musste sich bei uns Patientinnen erst einlesen. Ich hatte keine Fragen, sie auch nicht so viele. Auf die, die sie mir stellte, habe ich artig geantwortet. Ab zum Anstechen der Leitung. Auch hier wieder Wartezeit. Danach die Meldung in der Tröpfchenbude, im Chemosaal. Das Gift ist noch nicht da. Es bedeutet. Wartezeit. In der Wartezeit kam eine Freundin, die mich extra gesucht hat. Wir haben geplaudert, auch ein bisschen getratscht. Irgendwann ging es los. Der Saal lehrte sich langsam. Ich bekam eine Tüte nach der anderen. Mit dem Tütenwechsel dauerte es immer wieder. Ich habe dann als letzte Frau den Raum verlassen. Es waren noch zwei Herren da, die frisches Blut bekamen. Ob das, dass die Reste aus dem Kapillarlabor sind? Ich denke besser nicht weiter darüber nach.

Zuhause hat mich ein super Essen erwartet. Dann? Viel Ruhe. Eins der Kinder ging zum Hand-, das andere zum Basketball. Ich hatte Besuch und ein gutes Gespräch. Beim Schlafen konnte ich mich ankuscheln. Als die Kinder wiederkamen, schlief ich schon.

Tag 94

Der Tag eins nach der Chemo war gut. Müde, aber es war ein guter Tag. Früh hatte ich einen Ausflug zum Baumarkt. Ich brauchte Beton, Holz und Erika. Habe alles bekommen. Der Beton ist wichtig für mein neues Gartentor. Mein Schulfreund baut es mir ein. Alle Leute kommen dann gut durchs Tor. Nicht nur ich. Das Holz ist für einen Rahmen vorgesehen. Der soll ein wunderschönes neues Bild schmücken. Die Erikas. Eriken. Zur Schönheit. Am Nachmittag gab es noch einen Spaziergang, nicht ganz so groß wie sonst. Aber er tat gut. Das Aufregendste war, dass ich mit Auto gefahren bin. Aber das darf nicht rauskommen. Pssst.

Tag 95

Der Vormittag war sehr abwechslungsreich. Frühstück, tolle Brötchen. Gute Marmelade. Apfel-Kiwi, Ei und Käse, dazu Kaffee und Vitamine. Was nicht fehlen darf, Gespräche. Darüber, dass ich so viel mache und scheinbar nicht zur Ruhe komme. Es scheint nur so. Wenn es mir gut geht, möchte ich aktiv sein. Der Körper zeigt die Grenzen. Wenn Erholung erforderlich ist, dann Ruhe ich. Das war eins der Themen. Ich glaube ja, dass es so wirkt, da ich ruhelos bin. Bin ich, aber nur ein bisschen. Ich glaube, ich habe Angst nicht mehr genug erleben zu können. Während der Frühstückszeit wurde dann mein Gartentor final eingebaut. Es gefällt mir gut. Ein kleiner Spaziergang. Mit einer weiteren Freundin. Das war echt gut. Als ich mich hinlegte, bekam ich einen Überraschungsgast. Zu dem, nein zu uns gibt es eine besondere Geschichte. Die erzähle ich aber später. Am Nachmittag ließen die Beimedikamente nach und mir wurde langsam schlecht. Da ist sie wieder die Putzkolonne, aktiviert und sicher fleißig. Ich hoffe, sie arbeitet, damit sich das schlecht Sein lohnt.

Ach und die kleine Katze unseren Futternapf erobert. Ich weiß nicht, wem sie gehört.

Tag 96

Es ist wieder soweit. Mir ist schlecht. So richtig schlecht. Der Körper, mein Körper ist innerlich in Bewegung. Äußerlich von einem Schweißfilm überzogen. Der Kopf friert , wenn die Mütze ab ist, wenn sie auf ist, ist es mir zu warm. Es ist so eigenartig. Aber es ist das letzte Mal. Wenn die Tage des Putzens vorbei sind, war's das erst mal. Darauf freue ich mich schon. Wirklich sehr. Das neue Gift wird verträglicher sein. Erholung wird schneller da sein.

So wird es in der Zukunft sein. Verträgliches Gift und schnelle Erholung.

Nun war es so, dass die Putzkolonne mir wenig Chance lies, mich mit etwas zu beschäftigen. Essen war schwierig. Mir fiel ein, dass meine Mutti mir, wenn ich als Kind krank war, Grießbrei gemacht hat. Ich habe mir welchen gekocht. Es war ein gutes und warmes Gefühl.

Tag 97

Wie war der Tag? Es war ein Tag, den es auch nicht geben müsste. Zumindest zwei Drittel des Tages. Früh war mir weiter schlecht. Mittags auch. Zum Abend legte es sich etwas. Etwas. Die Putzkolonne tobte sich aus. Hände und Füße waren trocken. Grießbrei war wieder das Essen meiner Wahl. Diesmal mit Mandarinen. Der bekommt mir gut. Ich habe abgewartet, dass der Tag vorbei geht.

Die Tage 96 und 97 sind nicht die besten in meiner Zeit. Ich habe mir überlegt, dass Patienten wie ich für eine gewisse Zeit aus dem Bewusstsein genommen werden und den Körper dann für sich kämpfen lassen. Oder die Putzkolonne nicht durch Gift anregen, sondern so klitze kleine Miniroboter einspritzen, die mit kleinen Schneidewerkzeugen ausgestattet sind. Diese Schneidewerkzeuge schneiden alles ab, was sich so im Körper bewegt und wegmuss. Die Programmierung erfolgt vorab. Wissenschaftler erklären den kleinen (Wie können sie heißen, vielleicht »Saubro«, ja Saubro) wie ein gesunder Körper aussieht. Und dann Wandern sie durch den Körper und schnippeln alles Kranke heraus. Der Vorteil ist, dass der Körper nicht vergiftet ist, und er hat eine Grundreinigung erhalten. Das erhöht die Lebensqualität. Irgendwann wird das sicher so werden. Bis dahin heißt es »Augen zu und durch«. Das »Durch« ist dann erstmal erledigt.

Die nächsten Chemos sind als erträglicher angekündigt.

Tag 98

Ich bin zurück. Und das freut mich. Also noch nicht so ganz. Aber im Vergleich zu den anderen Tagen. Aufstehen war okay. Raus aus dem verschwitzten Schlaf. Duschen. Gemütlich anziehen. Hinsetzen. Ausruhen. Ich war geduscht und aus dem Bett. Ich habe schon richtig was geschafft. Fenster in meinem Zimmer weit auf. Um vorzugreifen. Ich habe es erst kurz vorm zu Bett gehen wieder geschlossen. Alles raus, was unangenehm roch. Ja und dann habe ich das Frühstück vorbereitet. Mit dem Essen hat es noch nicht so geklappt. Verzicht aufs Frühstück. Das Schlechtsein hielt sich in Grenzen. Kaffe, der ging.

Den konnte ich in Gesellschaft genießen. Ein Gespräch um und über das Leben, das um mich rum passiert. Über Jobs und Spaß daran. Und nebenbei. Ein Rahmen für mein neues Bild. Mittags gab es. Nee. Nein. Nicht Grießbrei, Kürbiscremsuppe. Ganz klassisch und einfach. Püriert. Sie tat gut. Zu viel gekocht. Als Nachtisch habe ich den Ofen angeheizt. So langsam wurde mir warm.

Der Nachmittag plätscherte vor sich hin. Zwei weitere Besuche. Es gab »schimpfe« zu Recht, »schimpfe«.

Meine Freunde sind für mich da und ich soll auch sagen, wenn ich allein bin, damit man einfach mal schauen kommt. Recht haben beide. Aber der Stolz. Manchmal ist er im Weg. Der Geselle.

Die schwarze Katze war auch da, sie hat sich einfach zum Frühstück eingeladen. Die kleine Weiße war nicht zu sehen.

So war der Tag der Deutschen Einheit. Für mich.

Tag 99

Jeder Tag bringt Erlebnisse, manch einer große, andere kleine. Es sind Erlebnisse da. Ich freue mich über meine Kinder und bin sehr glücklich, dass ich an ihrem Leben teilhaben darf. Ich glaube, dass das nicht selbstverständlich ist. Ja, sie sind das große Erlebnis, welches die Tage, Wochen und Monate durchzieht. Die kleinen Erlebnisse sind die Selbstverständlichkeiten, die passieren, die da sind. Die kleinen Freuden. Gestern zum Beispiel war der Tag der kleinen Freuden. Eine Freundin holte mich gestern zum Einkaufen in einen Discounter ab. Grund war, dass es die »Zutaten« für mein neues Projekt gab. Sie wollte gern gleich früh, damit ich auch sicher etwas abbekomme. Ich habe, ich konnte sogar die Farbe aussuchen, hellgrau, dunkelgrau, hellblau, rosa und weinrot. Es handelt sich um Wolle. Ich möchte mir etwas Stricken. Nur angefangen habe ich noch nicht.

Am späten Nachmittag wurde ich noch zum Spaziergang abgeholt. Auf der Strecke gibt es immer wieder Neues zu sehen. Ein neuer Entwässerungsgraben. Der noch so neu aussieht, so ohne jede Pflanze. Eine weiße Katze mit braunen Flecken, die mir auf dem Weg unbedingt etwas erzählen musste und zu guter Letzt der zauberhafte Abendhimmel mit seinen Wolken und dem Streifen der untergehenden Sonne. Einfach schön.

Tag 100

Verrückt, wie die Zeit rennt, auch wenn es wenig Pflichten gibt. In der Politik haben neue Regierungen 100 Tage Zeit sich zu finden und zu zeigen, dass sie es hinbekommen können. Tja nun ist das kleine böse Biest keine Regierung und brauchte keine Schonfrist. Auf gar keinen Fall. Der Kampf ist aufgenommen und wir führen momentan. Gestern war nun der Tag 100. Ich war sentimental. Etwas.

Wie war der Tag? Es war wieder Blut-Zeit. Also ab ins Auto und zum Brustzentrum. Die Fahrt dorthin hatte diesen einen Moment. Ihr müsst euch eine freie Straße vorstellen. Leichter Sonnenschein, rechts erst mal Häuser und die Autobahnauffahrten. Links auch, keine Fußwege und auf einmal wird der Blick frei. Keine Bäume, Häuser oder Fußwege. Nur Weite, ein frisch gepflügtes Feld, ein kleiner Moment nur. Aber es hat gereicht, gereicht, um mir zu zeigen, wie großartig das Leben ist. Es klingt übertrieben aber in diesem Moment war es wirklich so. Ich war überwältigt. Ich musste mich schütteln und ein Tränchen verdrücken. Wie schön ist das Leben?

Etwa fünf oder zehn Minuten später war ich an der Klinik. Dort gibt es etwa tausend Parkplätze. Es war keiner für mich frei. Nicht einer, Runde um Runde bin ich gefahren. Zwei Mal hätte ich fast einen gehabt. War da aber nur zweiter Sieger. Irgendwann habe ich mich dann auf einen »Bediensteten« Platz gestellt. Was machen so viele Leute um kurz vor elf in der Klinik? Na egal, der Plan eher dort zu sein, um noch einen Termin abzusprechen, schlug fehl. Den Termin habe ich dennoch absprechen können. Später ging ich zum üblichen Bluttest. Diesmal war es eigenartig, vor und nach mir Familien mit Kindern aus dem russischen Sprachraum. Es hat mich betroffengemacht. Zur Schwester. Warten, warten, warten. Werbung für Rehasport lesen. Sollte ich das machen? Wenn ja, würde ich mich sicher mehr bewegen. Nachdenken lohnt. In der Wartezeit war es unvermeidlich, Gesprächen zu zuhören. Zwei

Damen unterhielten sich über Kurkliniken. (Das ist mir egal, Hauptsache am Wasser). Das nächste Thema waren gemütliche Schuhe. Wegen der Zehnägel. Wir Insider wissen warum. Für alle anderen, Nägel dürfen, sollen nicht anstoßen oder quetschen. Klar, jetzt wurde das Thema vertieft. Bei der Frage: »Sind deine Nägel ausgefallen?«, bin ich ausgestiegen. Ich will das gar nicht wissen und darüber nachdenken, ob mir das auch passieren kann. Ich fand die Frage auch viel zu privat, um diese auf dem Krankenhausflur gestellt zu bekommen.

Endlich, die Schwester rief mich auf und wertete die Blutergebnisse aus. Ich war Tagessieger. Die Rückfahrt war kurz und dann war ich zuhause. Habe ich mich in gemütlichen Modus geschaltet. Die Katzen auch. Ofen und Kerzen an. Teechen gekocht und über 100 Tage nachgedacht. Was hat es mit mir gemacht?

Und da waren sie wieder die Emotionen. Ich bin wirklich glücklich, wie gut ich aufgefangen bin.

Am Nachmittag hatte ich Kaffe Besuch, der Kuchen wurde mitgebracht. Blätterteig mit Marzipan und Apfel. Muss ich unbedingt nachmachen. Das Gespräch hat mir gezeigt, mache die Dinge, die für dich wichtig sind. Wer weiß wie lange das noch geht? Auf in die nächsten Hundert!

Tag 101

Zum Frühstück hatte ich noch Lust auf Sushi, nicht zum Frühstück, sondern zum Mittag. Nicht aus dem Supermarkt, sondern frisch angefertigt. Den Tagesplan so erstellt, dass der Erwerb des Sushis eingegliedert ist. Wo kaufen wir das Sushi ein? Womit ich aber nicht gerechnet habe, dass mein Appetit vorbei war.

Kein Halt am asiatischen Restaurant, zum Supermarkt. Dort sah ich eine Bekannte, die ich, seit mindestens 100 Tagen nicht gesehen habe. Wie verhalten? Verstecken oder abwarten oder ansprechen? Die Entscheidung getroffen. Ansprechen. Die Entscheidung ansprechen. Sie war gut so. Die Entscheidung.

Am Nachmittag wollte ich dann mein Projekt vorantreiben. Die Strickjacke. Drei Reihen habe ich geschafft. Vom Rückenteil. Mehr war nicht machbar. Die Katze wollte mitstricken. Wie sie auf den Faden abgegangen ist. Herrlich. Wie auf den Bildern in Kinderbüchern. Kaum bewegte sich der Faden, Anspannung und der Faden wurde gefangen. Sie war recht erfolgreich. Ich habe dann erstmal aufgegeben.

Am Abend gab es ein Traumessen. Kürbispüree mit Kürbispesto und Backkäse. Hört sich komisch an, schmeckt aber. Und für mein erkältetes Kind? Hühnerbrühe. Selbst gekocht. Medizin aus der Küche. Es sollte mit der Gesundung klappen.

Was ist sonst noch zu erwähnen? Irgendein Essen war zu scharf. Meine Zunge ist angegriffen.

Tag 102

So schöne gepflegte Füße sind schon eine tolle Sache. Gestern war Fußpflege. Meine Fußpflegerin hat mir wieder die Zehnägel lackiert. Die sehen jetzt besser aus als die Fingernägel. Bei denen musste ich den Nagellack entfernen und feilen. Zum Anmalen bin ich dann nicht mehr gekommen, welches sich böse gerächt hat. So böse dann doch nicht, aber es rächte sich. Zwei Nägel sind gesplittert. Die Faulheit rächt sich. Vor der Fußpflege war ich »auf einen Kaffee« bei einer lieben Bekannten. Ich bin froh, dass ich mir die Zeit genommen habe und sie auch. Davor, heute beschreibe ich den Tag rückwärts, stand in unserer Küche eine Gravitytorte. Enra hat sie gebacken. Mit viel Spaß und Freude bis tief in die Nacht. Die Torte ist ein optisches Highlight. Wie sie schmeckt, wissen wir noch nicht, sie steht (unvorstellbar) noch unangetastet in der Küche. So etwas ist bei uns noch nie vorgekommen. Diese Torte muss unbedingt von Kindern gegessen werden. Was heißt gegessen, sie muss von Kindern angeschnitten werden, weil sie wirklich ein Kunstwerk ist. Unsere favorisierten Kinder haben erst heute Zeit. Und deshalb blieb die Torte unangeschnitten.

Am Abend habe ich eine Frau kennengelernt, die in der Zukunft sicher öfter kommen wird. Sehr schön und unkompliziert. Für dieses Treffen hatte ich ein Essen vorbereitet. Wir haben festgestellt, dass es nicht reichen wird und noch Pizza geordert. Dem Pizzaservice habe ich dann extra gesagt, er möge anrufen, wenn er da ist. Auf einmal klopfte es an der Terrassentür. Gut, dass ich gesessen habe. Sonst wäre ich umgefallen. Dessen ungeachtet, die Pizza war wieder gut.

Außerdem habe ich mich gestern gefragt, wann sich eigentlich meine Wimpern so dezimiert haben, wann die Haare an Armen und Beinen und anderen Körperstellen verschwunden sind? Es war ein schleichender Prozess. Warum aber wachsen die Damenbarthaare??? Ich habe Respekt davor, wenn der Haarwuchs wieder einsetzt.

Tag 103

Ich habe immer gedacht, ich kenne die Orte, in denen ich lebe, gut. Es ist nicht so. Gestern war ich in dem Ort, in dem ich fünf Jahre gelebt habe. Es gab einen Hinweis, eine Empfehlung zu einem Laden, den ich gern anschauen wollte. Gesagt, Gefahren. Der Ort hat einen Teil, den ich noch nicht kannte. So zauberhaft, so schön. Nie gesehen und doch war ich in der Vergangenheit ganz nah dran. Rechts Kanal, links eine Reihe kleiner

Häuser, gepflegt, freundlich, ein bisschen wie Urlaub, eine Schleuse und auf der anderen Seite des Kanals ein Lagerhaus. Eine Kanuverleihstation, Boote an den Stegen. Am Ortsausgang ist das Gestrüpp zum Kanal hin entfernt, Lampions hängen zwischen den Bäumen. Nach vorn der Ortsausgang und ein Naturschutzgebiet. Links ist der Laden zu sehen. Ein kleiner Zauber, liebevoll und versetzt in die Vergangenheit. Ein Traum. Am anderen Ende des Ortes wird eine Siedlung von Wochenendhäusern mit Bootsanlegestellen gebaut. Ich glaube, dass der Kanal dazu geöffnet wurde. Ich erinnere mich, dass ich als Kind am »Ende« des Kanals baden war, das ist jetzt nicht mehr möglich. Eigenartig ist nur, dass der Ort meiner Kindheit auf einmal klein ist. Wir wohnten damals in einem großen Haus mit zwei Stockwerken, das war wirklich groß. Heute ist es kleiner als das Haus, in dem ich jetzt lebe. Wahrnehmungen verschieben sich. Wirklich. Auch die Wahrnehmung meines körperlichen Umfangs. Meines Aussehens und überhaupt. Es ist schwer, damit umzugehen. Zumal ich es geschafft habe, dass ein Stuhl zerbrochen, okay, angebrochen ist, als ich mit dem rumgerutscht bin. Eine weitere Baustelle. Jetzt wird erst mal die Baustelle fertiggestellt.

Dann wurde der Kuchen angeschnitten und verteilt. Er war lecker, aber mächtig. Premiere geglückt.

Ofen anheizen ohne Anzünder, ist schon eine Wissenschaft für sich. Ich hab es hinbekommen. Dank Eierkarton und Tannenzapfen. Ich bin gespannt, ob das ein Zufallstreffer war oder ob ich es wieder hinbekomme. Der Ofen ist eine Anschaffung, die ich nicht bereue. Er vermittelt eine Gemütlichkeit, die sonst nicht in dem Umfang da wäre. In diesem Jahr werde ich ihn wirklich viel nutzen. Zum klassischen Sonntagskaffeetrinken hatte ich Besuch, der Besuch kam mit Apfelkuchen. Sonst wäre ich allein gewesen, da Enra sein erstes Saisonspiel in Berlin hatte. Enna zur Unterstützung und als Livetickerschreiberin mit. Den Job machte sie gut. So war ich zumindest per Text und Bild dabei. Das Team hat gewonnen. Nach dem ersten Spieltag Tabellenführer. Ich liebe dieses Spiel, dieses Spiel, bei dem mit dem Ball auf den Korb geworfen wird. Basketball. So gern schaue ich in der Halle zu. Diesmal und wahrscheinlich die komplette Saison werde ich nur virtuell dabei sein können, wenn überhaupt. Als die Berichterstattung zu Ende war, bin ich eine Stunde Wolken schauen gegangen. Natürlich habe ich auch auf den Weg geachtet. Keiner ist gestürzt. Ich mag das Spazierengehen. Und die Unterhaltung dabei. Abends war dann Ruhezeit und einen Tatort, den ich nicht verstanden habe.

Tag 105

Der Ofen, er brennt, warum habe ich überhaupt gezweifelt? Es hat geklappt. Ziemlich gut. Das war auch notwendig, es war nicht mein Tag. Der Kreislauf wollte mir etwas sagen. Irgendetwas lag in der Luft. Aber was? Ich weiß es nicht. Als ich mich endlich aufraffen konnte, los zu legen, ging es dann. Vielleicht war es auch ein weiterer Anfall von »Faulerites«. Das macht mir schon zu schaffen. Kaffeebesuch hat sich angekündigt, der Termin stand schon so lange und ich freute mich auch schon darauf. Als die Freundin das letzte Mal da war, ging das mit dem Backen schief. Diesmal sollte es klappen. Kurz gesagt. Es hat geklappt. Quarktorte mit Äpfeln und Mandeln. Nur abkühlen musste die Torte draußen. Sie war dann noch leicht lauwarm. Aber es gab einen Kuchen. Nach dem Kaffee gingen wir eine Runde Wolken schauen. Die Kinder waren mit den Katzen beim Tierarzt. Wir hatten alle Bedenken, wie Heidi und Coockie in die Transportkörbchen kommen. In der Vergangenheit hatten beide Stress. Gestern nahm Cookie es ziemlich gelassen. Kein Mucks und sie war tiefenentspannt. Heidi war auch einfach in den Korb zu bekommen, nur fing sie an, zu schimpfen, um ihr Leid zu erzählen. Sie fühlte sich nicht wohl. Es musste sein. Das Ergebnis war, dass beide Milben haben. Der Kampf gegen sie beginnt. Flöhe und Zecken haben wir bereits erfolgreich vertrieben. Abends gab es pure Gemütlichkeit. Ofen, Kerzen, entspannte Familie und entspannte Katzen.

Tag 106

Der Tag plätscherte so vor sich hin. Es hätte so ein Tag werden können, an dem nichts passiert. Nichts los ist. Einfach so ein Tag. Der plätscherte, auch optisch. Draußen plätscherte es fast ohne Unterbrechung. Drinnen pure Gemütlichkeit. Katze Heidi residiert auf dem Tagesbett. Ich sitze auf dem Stuhl davor. Der Herbst ist da. Nicht der schöne Herbst, nein der nasse, kalte Herbst, der, der mir aufs Gemüt schlägt. Ich mag die Kombination Regen und Kälte gar nicht gern. Wie ich sagte, nein, wie ich schrieb, es hätte ein Tag werden können, an dem nichts passiert. Hätte. Aber es kam anders. In meinem Briefkasten war ein Brief. Meine Krankenkasse möchte prüfen, überprüfen, ob ich zu Recht krankgeschrieben bin. Es ist netter formuliert:»Wir möchten Ihren Heilungsverlauf Unterstützen.« Dann werden Fragen gestellt nach dem Arbeitsplatz und wie die Bedingungen sind, was an Therapie geplant ist. Ich bin jetzt vier Monate krank. Glaubt die Krankenkasse, dass man so schnell wieder gesund wird, dass ich so schnell wieder gesund bin. Das wäre klasse, großartig. Geht aber nicht. Es wird dauern. Und es wird noch schwer werden. Die Krankenkasse glaubt, den Heilungsverlauf optimieren zu können. Im ersten Moment, als ich den Brief las, wollte ich quer darüber schreiben.»Ich habe Krebs verdammt noch mal«. Mache ich nicht, ich fülle das Formblatt artig und ordentlich aus. Schicke es zurück. Auch wenn der übliche Freiumschlag fehlt und ich erst eine Briefmarke besorgen muss.

Also, es hätte ein Tag werden können, an dem nichts passiert.

Tag 107

Mittwochs grüßt das Murmeltier, könnte man meinen. Zwar steht immer mittwochs der Bluttest an, aber das sind die einzigen Wiederholungen an diesem Mittwoch. Gestern war ein Mittwoch mit zwei Terminen. Der Erste, der Bluttest, diesmal war ich nicht die Siegerin. Schade. Nächste Woche wieder. Da wird es wieder. Ganz bestimmt.

Der zweite Termin war auf der Brustetage. Besser »Brustkeller«, die Klinik spricht ja vom Gartengeschoss. Also ich saß im Gartengeschoss, das heißt, wir, also meine Mitpatientinnen und ich, saßen im Gartengeschoss, unterhielten uns über alles Mögliche. Über die wartenden Mitpatientinnen. Eine Dame circa 1. 80 Meter groß, Alter 60 plus, schlank, Sie wurde aufgerufen. Der Mann: »Darf ich mit rein?«

Die Röntgenassistentin: »Nein.« Die schlanke Dame: »Warum nicht?« Wir auf dem Flur rollten die Augen. Die Röntgenassistentin sagte etwas von Untersuchung. Die Dame: »Wie Untersuchung? Wer sind Sie denn?« Die Röntgenassistentin: »Ich bin die Röntgenassistentin.« Wir grinsten. Die Dame: »Ich möchte zur Frau Oberärztin.« Die Röntgenassistentin: »Ich bereite Sie für die Untersuchung vor.« Der Mann: »Aber wir sollen zur Oberärztin.« Die Röntgenassistentin: »Hatten sie kein Gespräch?« Beide: »Nein« die Röntgenassistentin: »Bitte nehmen Sie Platz.« Kurz danach rief die Oberärztin sie auf. Wir saßen weiter. Dann war ich dran. Der Radiologe, mein Radiologe, der den Tumor suchen sollte/wollte. Er kam in einem hübschen Zweiteiler in Dunkel-Pink. Ob er so lange studiert hätte wenn er gewusst hätte, dass er mal in Dunkel-Pink rumlaufen wird? Ich glaube ja nicht. Aber wahrscheinlich trägt er es aus Anlass des Einsatzes im Brustzentrum. Der Tumor ist weiter weg. Was mir aber gestern noch einmal erklärt wurde und was ich auch verstanden habe. Die Chemo geht wegen der Zellen, die sich im Körper irgendwo verstecken, weiter. Das ist wichtig. Ich traf die Brustschwester. Sie beruhigte mich wegen des Schreibens der Krankenkasse. Meine Behandlung ist international abgesichert. Es sind Standards und die werden erfüllt, nicht mehr oder weniger. Trotzdem ist es verwunderlich, dass so zeitig angeschrieben wird. Die übliche Auswertung der Blutwerte dauerte. Ich konnte nicht rausbekommen warum. Eigentlich ist das auch egal. Ich habe Zeit.

Nachmittags gab es wieder eine Runde zum Spazierengehen. Leider ohne Wolken. Alles war grau. Oller, kalter, nasser Herbst. Wo bleibt der goldene Oktober?

Tag 108

Ich mag es gar nicht allein zu sein, überhaupt nicht. Und noch weniger mag ich es, allein zu spazieren. Nicht, dass ich mich nicht allein beschäftigen oder mir die Zeit vertreiben kann. Ich mag es nicht allein. Punkt. Wahrscheinlich war ich früher in einem anderen Leben ein Herdentier. So mitten in der Herde. Zusammen mit allen anderen. Vielleicht war ich ja auch ein Bestimmer, eine Bestimmerin in der Herde. Aber sicher nicht die Anführerin. Das war ich nicht. Ich war die, die das Überleben der Herde gesichert hat. Wahrscheinlich war es so. Deshalb bin ich nicht gern allein. Gestern habe ich den ersten Schritt gemacht, Alleinsein,

nein, eigentlich nicht Alleinsein. Sondern alleine zu gehen, zu laufen, zu spazieren. Das hat gestern geklappt. Enna wollte mit der Bahn in die große Stadt. Das war die Gelegenheit. Ich habe sie begleitet, fast bis zum Bahnhof. Nur fast. Nachdem wir uns getrennt hatten, habe ich mich auf einen Kaffee bei einer Freundin eingeladen. Statt Kaffee gab es Tee und Mohnlänge. Ich lief ganz alleine nach Hause. Vorbei am Steintor, der Platz war unbelebt, weiter bis an die Kreuzung August-Bebel/ Eberswalderstraße. Warum es dort keine Ampel gibt, erschließt sich mir überhaupt nicht. Weiter dann die vollkommen unspektakuläre, langweilige Eberswalderstraße entlang. Die mochte ich schon als Kind nicht. Gleichwohl, sie heute kürzer ist als früher. Auf dem ganzen Weg keine Stadtmöbelierung. Eben langweilig und unspektakulär. Dann kam der Friedhof. Hier ist der goldene Oktober zu erahnen. Die roten Blätter am Zaun. Wenn die Sonne kommt, dann könnte ich ihn hier finden. Den goldenen Oktober. In Rot. Und dann gehe ich wieder dort hin und ein Stück weiter.

Zuhause angekommen hing eine Überraschung an der Tür. Ein Seifennetz. Aber das ist eine andere Geschichte.

Sauerstoff ohne Ende und mindestens zwei Stunden spaziert. Das ist die »positive« Resonanz, das positive Ergebnis des Tages. Ich bin zufrieden. Es war ein guter, ein toller Tag. Am Morgen und am Vormittag Bürokram. Das ist nicht das, was ich wollte, aber machen musste. Als das erledigt war, war ich schon ein Stück weiter. Papiere sortieren, nachfragen. Wegheften. Fast so, als wäre ich im Büro. Es ging schnell. Ich kann das noch.

Ab mittags war ich verabredet. Zum Essen und zum Laufen. Der Weg führte ein Stück an einer Bahnstrecke entlang. Hinter den Gleisen war eine Pferdekoppel. Auf ihr waren »blonde« Pferde. So blond als wäre der Schweif gefärbt. Was die Natur so hervorbringt. Irre.

Der Spaziergang war ein kleiner Rundgang, ich fand ihn schon etwas weiter. Ich wusste da noch nicht, wie weit ich am Nachmittag laufen werde. Auf dem Rundweg stand ein Birnbaum voller Birnen und mitten drin saß ein kleiner blauer Vogel. Er sah aus wie ein Sittich. Ich hoffe, er findet sein Zuhause wieder. Der Birnbaum stand (leider) hinter einem Zaun. Zwei Birnen lagen vor dem Zaun. Das waren meine. Als ich dann noch eine geschält und in Stücke geschnitten bekam.

Meine Reise ging weiter. Mit einem Paket voller Anzünder für den Ofen. (Nun gibt es keinen Stress mehr beim Anheizen).

Verabredung zum Kaffe und Kuchen und einem Spaziergang. Wir haben soviel erzählt, dass wir nicht dazu gekommen sind, den Kuchen zu essen. Gut ein bisschen schon, aber nicht so viel. Hatte aber einen Vorteil für mich. Ich bekam ein Kuchenpaket mit. Aber vorher gab es einen Spaziergang um den Liepnitzwald, es war toll, dieses schöne, wunderbare Waldgebiet, welches den See umschließt. Der Spaziergang ging, nein wir gingen circa 90 Minuten durch den Wald, am See entlang, durch den Wald zurück und auf einmal waren wir aus dem Wald. Dann haben wir weiter erzählt. Auf der Heimfahrt habe ich glatt vergessen, dass ich noch meinen Wochenendeinkauf machen wollte. Kritisch ist nur, dass ich in der Tagesplanung für heute meine/eine Verabredung vergessen habe. Das erschreckt mich.

Das Laufen tut mir gut. Gern hätte ich immer eine Laufbegleitung.

Tag 110

Der Tag begann mit etwas Hektik. Da mein Freitag so schön und erfüllt war, hatte ich vergessen, den Wochenendeinkauf zu erledigen und meine Verabredung mit meinen Mädels. Das hatte ich auch FAST vergessen. Darum startete der Sonnabend mit etwas Hektik.

Ich musste unbedingt um acht im Supermarkt sein. Der Wochenendeinkauf. Dann zurück. Paella als Mittagsmahl zubereiten, nicht nur als Mittagsmahl, sondern auch als Wegzehrung für das Basketball spielende Kind. Nächtliche Wegzehrung. Eiweiß, Vitamine und gute Kohlenhydrate. Leider hat der Trainer nicht das Essen kontrolliert. Es hätte ein Lob. Ein Esslob gegeben. Ich habe es geschafft. Einkauf, kochen und pünktlich zum Date. Unser Vormittag war so schön. Wie früher in der Jugendherberge. Nicht ganz so. Das Essen war besser, viel besser und ich habe nicht geraucht. Wirklich nicht. Die Gespräche waren wieder so vertraut, von einer Tiefe, ich war glücklich. Was ich aber gemacht habe, ich glaube, da werde ich zwischenzeitlich richtig penetrant. Ich habe die Mädels ermahnt zu Kontrolluntersuchungen zu gehen. Es ist mir wichtig. Meine Mädels machen das natürlich. Auch ohne meine Penetranz. Darüber bin ich froh. Sehr froh.

Die anderen Themenbereiche unserer Gespräche waren Freundinnen Gespräche. So geprägt von der Überschrift »Uns darf auch keiner zuhören.« Es war eine gute Zeit.

Als ich nach Hause kam, waren alle bereit, die Paella zu probieren. Die mit Fleisch kam bei den Fleischessern gut an. Die nur mit Gemüse (Es gab zwei Unterschiedliche) mochte ich sehr gern. Meine Mitesserin hat ihren Teller aufgegessen. Nicht den Teller. Den Inhalt. Nicht mehr. Nachmittags gab es einen Ausflug in die große Hauptstadt. Meine Suche nach blauen Boots und einem blauen Parka geht in die zweite Runde. Nachdem die Internetbestellungen nicht passten. Aber auch diese zweite Runde konnte ich nicht gewinnen. Dafür hat sich eine neue Mütze in mein Herz geschummelt. Auf sie muss ich aufpassen. Es gibt weitere Bewunderer. Wieder zu Hause. Mein Bett rief. Es hatte mich adoptiert. Ich war so platt.

Ich habe einen kleinen neuen Anhänger. Einen neuen Schnupfen. Ich hoffe, ich bekomme es hin, dass er klein bleibt. Hoffentlich.

Es gibt einen Text über Freundschaft, in diesem wird Freundschaft mit einem Baum verglichen. Die starken, tiefen, Freundschaften, die in den Wurzeln stecken. Die dem Leben Stand geben und Halt. Die, die im Stamm sitzen. Die einen stark machen. Die in den Ästen und die kleinen, die am Wachsen sind oder nur vorübergehend. Was allen gemein ist. In der Not sind alle da und unterstützen. Mal mehr. Mal weniger. Aber sie sind da. Mir ist bewusst, dass ich privilegiert bin einen solchen starken Baum mit tiefen Wurzeln, einem starken Stamm, Ästen, Zweigen, Blättern und Knospen zu haben. Mein persönlicher Baum. Auf diesen bin ich stolz, sehr stolz.

Es geht mir anders, als Frauen in meiner Situation, welche von Freundschaftsverlusten berichten, von Schmerzen und Ängsten. Ängste blende ich weiterhin aus. Schmerzen, Unwohlsein, körperliches Unbehagen, sind da. Immer mal wieder. Aber das ist im Plan. Es muss so sein und gehört dazu. Und mein Vorteil, es ist unangenehm aber erträglich. Beinschmerzen, kalter Schweiß gehen sicher bald vorbei. Darauf freue ich mich sehr.

Zurück zu meinem Baum. Besuch aus dem Stamm. Aus den Wurzeln. Nette Plauderei als wenn nichts sei. Das tut gut und gibt neuen Mut. Es gab Kuchen, mal wieder. Optisch war er gut gelungen. Vom Geschmack her auch. Es war ein Experiment. Echt gut gelungen.

Es gab ja wieder ein Basketballspiel, welches ich per persönlichen Liveticker verfolgt habe. Das Team hat gewonnen. Schade, dass ich nicht dabei war.

Tag 112

Frische Waldluft, laufen auf frischem grünem Moos. Warum habe ich vergessen, wie toll das ist? Jede Jahreszeit hat ihre Besonderheiten. Den Sommer habe ich so genossen, die Tage am See, die Fahrten dorthin. Die Sonnenuntergänge. Und nun der Herbst im Wald. Es schien keine Sonne, es lag so eine Feuchtigkeit in der Luft. Ganz fein. Die Schritte, die Schritte im Wald. Ein leichtes Einsinken. Eine Leichtigkeit. Gehen wie auf Wolken. Aber Achtung. Gummistiefel sind die Fußkleidung der Wahl. Sie sorgten und sorgen für trockene Füße. Es war so leer im Wald und so eine Ruhe. Das wunderbare Zusammensein mit meiner tollen Tochter. Die Pilze, okay einige Pilze, waren neugierig und steckten ihre Köpfe aus dem Moos zwischen den abgefallenen Zweigen. Wir konnten sie ernten. Das Licht, anders als im Sommer. Die Sonne schien nicht, das Gold war weg, es war vielmehr grün. Ein leichtes Grün, ein schönes leichtes Grün. Leider konnten wir nicht den ganzen Tag im Wald bleiben. Leider nicht. Aber es wird wiederholt. Vielleicht mit Picknick, Picknick im Wald. Darauf habe ich richtig Lust. Das war ein traumhafter Vormittag.

Nach der Rückkehr nach Hause räumten wir den Holzschuppen leer. Später wurde er dann abgerissen. Stabiler als gedacht. Abendbrot im Möbelhaus meines Vertrauens. Diesmal gab es keine Bügel. Kerzen in Mengen durften mit.

Als wir wieder zu Hause waren, war ich so platt. So richtig platt. Zu wenig getrunken und viel Aktion. Ein guter Tag, an dem die »Nebenwirkungen« kaum zu merken waren.

Tag 113

Der Regionalexpress fuhr am Tag nicht, die S-Bahn hat Schienenersatzverkehr und die große Stadt ist voller Autos. Ich war gestern als Begleitung, in die große Stadt, ausgesucht worden. Die Hinfahrt war super. Ohne Probleme und Stau, im angesagtem Zeitrahmen. Der Termin verlief planmäßig, zeitlich in einem erträglichen Rahmen. Die Zeit habe ich genutzt, um zu schreiben, zu recherchieren und nachzudenken. So lange, bis mein Akku alle war. Die Rückfahrt entwickelte sich zu einem, ich will nicht sagen, Fiasko. Aber mir fällt kein anderes Wort ein. Wir fuhren gemütlich in einen Stau. Halb drei am Nachmittag. Im Radio kam die Durchsage, dass der Tegeltunnel gesperrt ist. Dorthin bewegten wir uns. Gerade so, dass wir nicht mehr rauskommen konnten. Vermeintlich clever, zogen wir dann nach rechts und fuhren ein Weilchen weg vom Stau. Auf einmal standen wir. Es fühlte sich an wie Tetris für Autos. Grüne Ampel, fünf Autos fahren an. Einer macht die Kreuzung zu. Die Linksabbieger der Gegenspur kommen nicht rum. Neben ihnen staut es sich. Unsere Linksabbieger kommen nicht rum. LKWs hupen. Oh. Ein Auto hat es geschafft. Zwischenzeitlich kommen die Autos von rechts. Sie schlängeln sich durch. Sie versuchen es. Nach einer Weile haben wir es dann doch geschafft und fahren, in die nächste Falle. Kurze Entscheidung. Wir umfahren den Stau (So ganz klar war nicht, ob es ein Stau war oder nur eine Ampel). Ob das so klug war? Wir bilden es uns einfach ein. Am Ende waren wir dann nach der doppelten Fahrzeit zu Hause und brauchten für die Strecke fast viermal so lange, wie auf dem Land. Rückwärts betrachtet wären öffentliche Verkehrsmittel besser gewesen. Sogar mit Schienenersatzverkehr. Als Ausgleich gab es dann einen Spaziergang. Ich werde immer langsamer. Meine Knochen taten weh. So innen in mir drin. Aber das geht wieder vorbei. Irgendwann. Bestimmt. Ganz sicher. Heute habe ich festgestellt, dass ich Babyhaare habe.

Tag 114

Mittwochs ist jetzt Chemotag geplant. Jeden Mittwoch. Eigentlich, denn die Chemo kann nur gegeben werden, wenn das Blutbild stimmt. Das hat es wieder nicht. Die Neutros, diese kleinen Dinger, wollten nicht so, wie ich es mir vorgestellt habe. Sie sollen mindestens 1,5 sein. 1,2 waren es dann gestern. Es hat für die Chemo nicht gereicht. Als ich die Schwester fragte, wozu die gebraucht werden, sagte sie mir für die Chemo. Das hatte ich vermutet, sonst hätte ich die Chemo bekommen. Wahrscheinlich war ihr meine Frage zu doof, zu einfach. Der Mensch muss doch wissen, wozu die Neutros gut sein müssen. Ich habe mich geoutet, als Mensch, der nicht weiß, wozu die gut sind. Die Ärztin hat mir vorgeschlagen, die Antikörper zu geben und die Chemo zu verschieben. Ich habe ihr gesagt, dass es für mich okay ist, wenn sie es vorschlägt. Sie ist die Fachfrau. Ich habe vergessen, die Ärztin zu fragen wozu die Neutros gut sind. Eine andere Schwester hat es mir erklärt. Da fiel es mir ein, sie hatte es mir schon mal erklärt. Ich sage nur Immunsystem. Es dauerte ewig, bis die Antikörper angerührt waren. Spannende Leute gab es nicht zu beobachten, irgendwie langweilig, richtig langweilig.

Dann war es soweit. Die Schwester dockte mich an. Die erste Tüte lief und mir wurde schlecht. Ich habe es richtig gespürt, wie die Antikörper in mich hinein kamen und sich gleichmäßig verteilt haben. Sie krochen von innen nach außen. Inklusive Gänsehaut. Eigentlich sollte das nicht sein. Die Antikörper sollten keine Nebenwirkungen haben.

Den Nachmittag verbrachte ich auf dem Tagesbett bin nicht mehr runter. Zum Abend wurde es etwas besser.

Tag 115

Es sind Kleinigkeiten, die einen Tag bestimmen. Das Große, nein der große Rahmen ist gestellt. Indem darf und kann ich mich bewegen. Aufpassen ist angesagt. Nicht erkälten (jeden Tag aufs Neue). Aber das Wetter lädt gerade dazu ein, mich zu erkälten. Wenn ich mir die nächsten Tage anschaue, wird sich das nicht ändern. Er fehlt mir noch immer, der goldene Oktober. Außerdem ist es für mich wichtig, dass ich mental stark bleibe. Gute Gespräche helfen dabei. Immer wieder. Es tut gut zu sehen, wie normal das einfache Leben ist. Das Leben frei von Krankheit und Sorgen. Wohl nicht ohne Sorgen, aber anderen. Aus meiner Sicht kleinere, schnell lösbare Sorgen. Das gefällt mir. Also nicht, dass andere Sorgen haben, sondern, dass es das normale Leben gibt, mit seinen kleinen und großen Widrigkeiten. Und ich es sehe und sehen kann. Gesundheitlich war es ein guter Tag. Ein richtig guter. Mit einem langen Spaziergang. Ein Spaziergang entlang der Bahnschienen, rechts die Bahn und ein Bach, weiter hinten ein Teich dann führt der Weg unter der Autobahn durch und es öffnet sich ein Feld und Flur (wie romantisch). Weiter hinten ist der nichtbefahrene S-Bahnhof zu sehen. Aus dem Bächlein (vielleicht die Panke) stieg ein Fischreiher auf. Ungefähr zehn Meter vor mir. So schnell konnte ich nicht fotografieren. Schade. Auf den Wiesen waren Schafe. Am Ende waren es dann siebentausend Schritte. Fünf Kilometer. Hin und zurück.

Der Bitte meines einen Kindes, ihn abzuholen, folge ich gern. Ich mache das gern. Das ist das normale Leben, das einfache, beruhigende Leben.

Tag 116

Mich hat gestern ein Thema sehr bewegt, das Thema Neid. Ist Neid negativ belegt? Bin ich neidisch? Wenn ja, worauf bin ich neidisch? Werde ich beneidet? Ich glaube, ich bin nicht neidisch. Ich bewundere Familien, die das klassische Modell Familienmodell leben. Mutter, Vater, Kind und jetzt in meinem Alter auch schon Enkelkind. Die Paare, die gemeinsam alt werden. Neid brauche ich da nicht, da ich oft sehe, wie viel Anstrengung es kostet, zusammen zu sein und sich auf den anderen einzustellen. Oder auch

Paare, die sich gefunden haben und nun (auch als Patchwork) zusammenleben. Bin ich neidisch oder freue ich mich eher darüber?. Aktuell Zweites. Bin ich neidisch auf die Jugend, ihre Unbeschwertheit, ihr Glück? Oh nein bin ich nicht. Meine Kinder sollen glücklich sein. Es scheint zu klappen Bin ich neidisch auf Menschen, die sich gut organisieren können? Brauche ich nicht. Wirklich nicht.

Also das Ergebnis der Überlegungen war. Ich muss nicht neidisch sein. Das tut nicht not. Mir geht es gut, ich mag mein Leben mit allen Höhen und Tiefen. Auch wie es lief. Ich mag Menschen und besonders die Menschen, die um mich herum sind. Wir achten aufeinander. Und nun wird auf mich geachtet. Das tut mir sehr gut. Gestern war ich eine Runde spazieren. Eine Freundin hat mich abgeholt. Wieder Wolken angeschaut, Herbst genossen. Dann habe ich eine Schüssel Kastanien durchbohrt. Sowas habe ich ewig nicht gemacht. Ich habe mir einen Kuchen ausgedacht und gebacken. Blätterteig in Streifen geschnitten, mit Apfelstücken aufgerollt, in eine Springform gegeben, mit Rohrzucker bestreut und gebacken. Der Rand und die Decke waren knusprig, das innere »Klietsch«. Also optimierungsfähig.

Meine Knochen tun weiterhin weh. Erträglich. Es ist auszuhalten und zu leben.

Tag 117

Sonnabends halb neun im Wald. Ich war begeistert. Keine anderen Menschen, nur wir. Ruhe, Luft, leises Rauschen der Bäume und der Boden so weich und nachgiebig. So weich, dass ich beim Laufen immer wieder etwas eingesunken bin, dennoch ganz leicht wieder hochkam. Das Moos, das Licht, der Wald. So ein richtiger Herbstwald. Eher Nadelwald, Kiefern und Fichten umrandet mit Laubbüschen. Nicht weit von mir zu Hause, nur über eine Landstraße zu erreichen. Die Fahrt dorthin. Leicht neblig. So neblig, dass das Windrad vor dem Wald nicht zu erkennen war. Im Wald, zwischen Moos und Bäumen stand er da, der erste essbare Pilz. Eine Marone. Da war der Bann gebrochen. Am Ende hatten wir ein gutes Kilo frische Waldpilze finden können. Ein kleiner giftiger Pilz. Ich wusste nicht, wie er heißt. Er war wahrscheinlich der »Partypilz« der Nacht. Sein Loch für den Strohhalm hatte er noch nicht wieder geschlossen.

Das war der Vormittag im Wald. Mittags hatte ich dann, nein keine Pilze, sondern den Rest Lasagne, Spinatlasagne. Den Tag habe ich dann »gechillt«. Um abends in einem ziemlich leeren Supermarkt einzukaufen. Es war spät abends. Die Knochen taten weiter weh. Gelaufen bin ich vier Kilometer. Ansonsten ist nichts weiter passiert. Oh, doch. Beinahe hätte ich meine Kerze nicht im Blick gehabt. Das hätte böse ausgehen können. Habt eure Kerzen immer schön im Blick. Auch das noch. Ich hatte mein Handy eine Stunde nicht in der Hand. 90 Nachrichten. Irre. Meine Mädels hatten sich unterhalten. Der Vorteil von virtuellen Möglichkeiten. Ich hatte Spaß. Die Mädels noch mehr. Das Thema von gestern. Neid. Es ist okay. Er ist ein Zeichen von Anerkennung. Neid findet im Stillen statt.

Treffen zu organisieren, ist eine schwierige Angelegenheit. Wie bekommt man sechs Leute unter einen Hut um Essen zu gehen. Essengehen ist übertrieben. Burger essen. Wir hatten Lust, uns zu sehen. Zumindest hatte ich Lust, die anderen zu sehen. Von denen hat keiner widersprochen. Einer kam aus Braunschweig, eine aus Würzburg, eine aus Charlottenburg. Zwei aus Potsdam und ich aus Bernau. Wir wollten uns 19:30 Uhr im Burgerladen treffen. Einfach, weil wir es so wollten. Keiner von uns war vorher da. Aber davon später. Also, wie organisieren wir uns? Hin und her geschrieben, Nachrichten versandt und Empfangen. Wir haben es gut hinbekommen. Ich war die Erste, die ankam. Das Auto im Parkverbot geparkt. Kein Parkplatz war zu finden. Dann hetzte ich, zum Burgerladen kam an. Und? Es ist kein Restaurant. Es ist ein Laden, davor, draußen ein paar Bänke. Langsam kamen die Potsdamer angeschlendert. Nun waren wir zu dritt. Keiner von uns war pünktlich. Es fehlte noch meine Kinder. 20:30 Uhr waren dann alle da. Es war ein kurzes, aber schönes Zusammensein. Wir sollten das öfter machen. Treffen, essen und dann macht jeder wieder das, was er oder sie möchte. Ich finde es wiederholungsbedürftig. Nicht unbedingt an diesem Ort. Es war kalt. Es gibt andere Orte. Was aber gut zu machen war. Leute beobachten. Die Prenzlauer-Berg- und Mitte-Leute. Schon anders als in unserer Stadt. Und die Touristengruppen. Sonntagabend nach acht mit Reiseführer auf Spanisch. Sie standen für eine Erklärung vor unseren Tischen. Der Reiseführer sprach nicht über uns. Auf der anderen Straßenseite sind Häuser, die scheinbar besetzt sind. Davon gibt es ja nicht mehr so viele. Deshalb ist es ein Touristen-Hotspot. Im Übrigen ist dieser Laden auch ein Treffpunkt für Fahrer der einschlägigen Essenlieferungsdiensten. Mit Fahrrädern und Moped. Logisch und clever. Wegen der fehlenden Parkplätze.

Tag 119

Das mit dem nächtlichen Durchschlafen klappt nicht mehr so gut. Ein, zwei, manchmal auch dreimal werde ich wach. Dann fällt es schwer, wieder einzuschlafen. Nach einer Weile klappt es aber. Mit Hilfe von »Film schauen auf dem iPad«. Es dauert mal mehr, mal weniger. Dafür dauert das Wachwerden am Morgen länger. Gestern machte ich die Augen auf, draußen war es trüb. Es war nicht klar. Regnet es oder was? Ist es Nebel? Es zieht sich der Tag nicht auf. Ich werde nicht richtig wach. Ein vertrödelter Tag. Am Nachmittag, nach dem ein Waldbesuch scheiterte (Wie hört sich das an?,) bin ich eine Stunde spaziert. Ein guter Weg, ein überraschender Regen. Erst gab es ein paar Spritzer, dann baute der Regen sich auf, über Tropfen zu Bindfäden. Das hatte zur Folge, dass der Spaziergang immer schneller wurde. Für mich eher einer »Spazierrun«. (Achtung neues Wort).

Die Blätter fallen. Herbst eben. Vorbildliche Bewohner der Spazierstrecke sammeln und harken vor den Grundstücken. Wirklich Vorbild. Es fallen neue Blätter. Herbst eben.

Der Tag. Grau in Grau. Ich kam nicht in Tritt. Meine Augen waren zu gequollen. Als sie aufgingen, war es okay. Ich habe mich zusammengerissen und bin aufgestanden. Besuch hatte sich angekündigt. Langsam, ganz langsam wurde es mit mir. Ich kam in Tritt. Also Ordnung schaffen, Tisch herrichten. Überlegen was ich anbiete. Erdbeerquark und Quarkkeulchen/-bällchen. Hübsch dekoriert auf der Tortenplatte.

Sie waren lecker. Fand mein Besuch auch. Abends konnte ich dann nicht mehr viel essen. Aber es gab noch körperliche Reaktionen mit Geruchsbelästigung. Immer wieder. Die Pilze waren es und die Antikörper. Wirklich.

Tag 121

Wieder ein Chemotag. Wieder Anspannung. Bekomme ich die Chemo oder nicht? Der Indikator dafür ist das Blut. Das war gestern grenzwertig. Also gab es die Chemo. Der Tag begann damit, dass ich von einer lieben Bekannten abgeholt wurde. Auf dem Weg haben wir eine Freundin eingesammelt. Ein Mädchenausflug. Nicht zum Shoppen, nicht zum Essen. Es ging in die Klinik, die Freundinnen verkürzten mir die Wartezeit. Zu dritt waren wir bei der Blutabnahme. Das ging in den Augen der Freundinnen schnell. In meinen auch. Warten auf den Termin bei der Schwester und der Ärztin. Das Warten verkürzten wir mit Erzählungen. Seit unserer Zeit am See im Sommer hatten wir das nicht mehr. Es war toll. Ich habe mit der Ärztin gesprochen und sie gefragt, wie es jetzt weitergeht. Die nächsten Wochen, genauer die nächsten elf Wochen gibt es immer mittwochs die Chemo.

Im Januar wird es eine OP geben, danach die Bestrahlung, die Kur und dann? Dann bin ich wieder gesund. Die Ärztin erzählte mir dann auch, dass die Nebenwirkungen vom letztem Mittwoch normal sind. Meine Darmwinde sind eine Nebenwirkung der Antikörper und die Stoffwechselendprodukte werden in Mitleidenschaft gezogen. So in etwa lief das Gespräch.

Wenn ich wieder gesund bin, gehen wir die Baustelle Gewicht an. Aber das hat Zeit. Den Mädels konnte ich das dann alles brühwarm erzählen.

Mir wurde der Schlauch angelegt. Dann in den Chemosaal und mein Gift war schon da. Diesmal hätte ich gleich loslegen können. Nur ich hatte noch kein Frühstück. Es ist ja ein Ausflug und da gehört gemeinsames Essen dazu. Wir Mädels sind in die Cafeteria. Milchkaffee und Lachsbrötchen. Ich schaue in meine Tasche. Handy suchen für ein Foto. Das Handy habe ich vergessen. Wir trennten uns. Die Mädels holen mein Handy und ich gehe mein Gift abholen. Die Wirkung war stark, ich wurde müde und schlief ein. Als ich aufwachte, war das Gift in mir. Mein Handy war da, ich konnte nach Hause. Das war ein Timing. Nur war ich lange benommen. Richtig zu mir bin ich erst am Abend gekommen.

Bewegt hat mich an diesem Chemotag ein Paar, welches kurz vor der goldenen Hochzeit stand. Sie sahen total traurig aus. Mein Eindruck war, dass sie auf das erste Gespräch mit der Ärztin warteten. Ihr Gespräch dauerte sehr lange. Als sie rauskamen, sahen sie sehr traurig aus. Im Vergleich dazu geht es mir gut. Glaube ich. Nein ich weiß es.

Tag 122

Pilze, Pilze, Pilze. Zwei Stunden im Wald. Es war einfach toll, die Luft, der Boden, die Ruhe. Einfach Wald eben. Die Luft tut mir gut, hat mich schläfrig gemacht. Das Resultat waren fast drei Stunden Mittagsschlaf, das hat mich überrascht. So lang lag ich die ganze Zeit nicht. Als ich wach wurde – nach einer »Wachwerdzeit« – ging es noch mal raus. Sehnsucht nach Bewegung. Zum Bahnhof, durch die Stadt, über Arzt und Sparkasse. Und dann hatte ich mich etwas zu sehr angestrengt. Pause. Ich habe mich bei einer Freundin auf einen Tee eingeladen und mein kleines großes Kind hat mich abgeholt. Wir sind dann gemeinsam nach Hause gegangen und ich durfte das Fahrrad schieben. Nach dem Abendbrot bin ich ins Bett. Aber der Schlaf kam nicht. Immer wieder leichtes Dösen. Dann wieder wach. Schwitzanfälle gepaart mit Schmerzen im Bauchraum. Nachwirkungen der Chemo. Gefällt mir gar nicht.

Der Tag gab nicht so viel her. Durch die Müdigkeit kam, Schwindel dazu, die Schmerzen ließen nach und nach nach (großartig formuliert). Ganz weg waren sie nicht. Meine Verabredungen habe ich abgesagt. Das war schade. Stattdessen habe ich etwas geruht. Mit Augen zu. Nächste Woche wird ein neuer Versuch gestartet. Projekt »Schuppenbau« hat begonnen. Das wird auch ohne mich funktionieren. Gut, dass ich mich auf den Schuppenbauer verlassen kann. Abends gab es einen familiären Spieleabend. Beim Essen war ich noch dabei. Beim Spielen war ich die beste Zuschauerin. Das Bett rief. Erst leise dann lauter. Komm, komm, komm her. Bin dann hinein. Gute Idee von Bett. Erholsamer Schlaf. Das tat gut.

Tag 124

Wenn es nur einen Zuschauer, gendergerecht auch Zuschauerin, gibt – dann ist dieser / diese automatisch die beste, der beste Zuschauerin / Zuschauer. Morgens gab es ein Gespräch. Nicht, dass wir sonst nicht sprechen würden. Aber das Thema macht es erwähnenswert. Also, wenn es nur einen Zuschauer /eine Zuschauerin gibt, dann ist dieser /diese automatisch der /die Beste. Automatisch. Finde ich. Auch wenn der /die auf dem »Daybett« rum lümmelt und vermeintlich kein Interesse am Spiel zeigt. Der /die Allerbeste. Also dazu gab es ein Gespräch. Ich konnte meinen Standpunkt bestätigen. Ich war die beste Zuschauerin. Wirklich.

Bei unserem gemeinsamen Frühstück mit einer Käseauswahl. Geschenkten Marmeladen und ein paar Schinken und Wurstscheiben, grünem Tee aus Vietnam, »Fruchttees« von Herrn Drogeriemarkt und (Achtung!!!), Splitterbrötchen (the best bread from the town). Endlich Splitterbrötchen, die so schwer zu bekommen sind. Es entstand die Frage, warum ich Marmelade geschenkt bekomme. Meine Antwort. Weil ich krank bin und mich erfreuen soll. Beim erneuten Nachdenken fiel mir ein, dass die Marmeladen auch schon vor dem Bekanntwerden der Krankheit zu uns gekommen sind. Aber eigentlich ist das egal, wie und woher sie kommen. Lecker sind sie. Sehr lecker. Das Projekt »Schuppenbau« ging weiter. Ohne mich, aber ich freue mich schon sehr, wenn er fertig ist. Man kann schon jetzt erahnen, wie toll er aussehen wird. Hoffentlich gelingt, es eine Grundordnung zu halten. Daumendrücken. Bitte. Ich schaffe das, wir schaffen das.

Genau so, wie ich es gestern geschafft habe, ohne größere Probleme zu wandern. Fast dreizehn Kilometer im Liepnitzwald und am Liepnitzsee. Strategisch war meine Vorbereitung eher ungünstig. Zielsicher haben wir natürlich auf mein Anraten den am weitesten entfernten Parkplatz genutzt, so dass wir erst mal eine halbe Stunde gingen, bis wir am See waren. Insofern war das okay, weil der Weg durch den wunderbaren Herbstwald führte. Am See angekommen, waren wir voll motiviert, um diesen herum zu laufen. Ich hatte alle Kraft der Welt, dafür. Vorerst. Der zweite strategische Fehler. Falsche Schuhe. Die mit der glatten Sohle, superbequem. Aber kein Griff auf der Erde. Dafür fand ich mich längs auf dem Boden liegend wieder. Auf Buchenblättern ausgerutscht. Da lag ich. Ich meinte, nie wieder aufstehen zu können. Gut, dass ich (laut jammernd) hochgezogen wurde. Weiter ging es. Vorbei an dem Hund, der unbedingt einen Stock (ca. einen Meter lang) aus dem Wasser holen musste und sich unbedingt auf unserer Höhe schütteln wollte. Ein paar Tropfen habe ich doch abbekommen. Vorbei an der alten Dame, welche sich vorsichtig über Baumwurzeln tastete. Hin zur Fähre, welche die Abkürzung des Rundgangs versprach. Leider fährt eine Fähre nur einmal in der Stunde. Immer zur vollen Stunde. Es war auf der Uhr viertel nach. Also konnte diese Abkürzung nicht genutzt werden. Es ging zu Fuß weiter. Der nächste strategische Fehler, wir haben kein Wasser mit. Wie sind wir doch schlecht vorbereitet. Gut, dass es die Möglichkeit der Einkehr gab. Und ein alkoholfreies Bier und eine Toilette. Alles war wieder gut. Mit den Abkürzungen ist das so eine Sache. Irgendwann dachte ich, wir kommen nie aus dem Wald. Auf einmal war da die Autobahn, mit der Stille des Waldes war es vorbei. Ich wäre ungern mein Begleiter gewesen, wenn ich nicht ich selbst wäre. Mein Körper tat weh. Die Füße und Beine. Ich musste einfach jammern und schimpfen, sonst wäre ich niemals zum Ende gekommen. Aber es war, mit Abstand betrachtet, ein wunderbares Erlebnis. Und ein gewisser Stolz ist da. Ja.

Fazit: Schau dir auf der Karte an, wie dein Wandergebiet liegt. Zieh Schuhe mit Profilsohle an. Nimm immer, wirklich immer, etwas zu Trinken mit. Und schau vorher nach den Zeiten der Fähre.

Tag 125

Auf nach Potsdam. Nach einem gemütlichen Frühstück, einer Wäschezusammlegeorgie, einer Pflanzaktion, ging es los nach Potsdam. Leider nicht mit öffentlichen Verkehrsmitteln. Leider keine Leute beobachten, leider kein Zwischenstopp am Hauptbahnhof. Nein, wir fuhren bequem mit dem Auto. Wenn mir vor einem halben Jahr jemand gesagt hätte, ich vermisse öffentliche Verkehrsmittel, ich hätte ihn als Lügner beschimpft. Wirklich, hätte ich. Ja, mir fehlt dieses öffentliche Leben. Das Shoppen in übervollen Einkaufszentren, das Gedrängel im Zug, das einfach ins Kino gehen (obwohl ich mich fast nicht erinnere, wann ich das letzte Mal war. Aber der Gedanke, allein, dass es fehlt, ist suboptimal) und natürlich fehlt mir das Rumtreiben in Turnhallen. Am Sonnabend gab es in meiner Heimatstadt (ein Freund in den sozialen Medien, schreibt immer Mudderstadt) das Spiel der Spiele im Basketball. Okay, es war aber ein Spiel, welches über die Tabellenführung entschied. Und ich lag auf dem Sofa. Echt doof. »Wir« sind weiter Tabellenführer. Aber ich bin nicht dabei. Zurück zu gestern und der Fahrt nach Potsdam. Den weniger weltoffenen Mitmenschen könnte ich jetzt einreden, dass wir statt in Potsdam in England waren und die Toudors besucht hätten. Aber klar, England wäre zu weit weg. Der Fahrweg mit dem Auto. Jeder hätte gemerkt, dass es nicht stimmt. Nicht stimmen kann. Also, wir waren nicht in England, sondern am Schloss Babelsberg. Traumschön. Mit uns gefühlte hundert (eher weniger) interessierte Menschen. Zu Fuß, mit Rädern und Rollis. Familien, Paare und Einzelpersonen, Leute, die Rast machten und Leute, für die es nur ein Zwischenstopp war. Und wir. Vor dem Schloss öffnet sich der Blick auf die Glienicker Brücke. Die Anfahrt erfolgte über eine einspurige Straße. Über Klein Glienicke. Eine Enklave der DDR auf dem Territorium Westberlins. Bis auf die Brücke war der Ort »eingemauert«. Beim Schreiben fällt mir ein, so ist es bei meinen Krebszellen ja auch. Die »kranke Zelle mit ihrem Anhängsel« eingemauert. Das

Wetter war traumhaft. Nach einem ausgiebigen Mittags- bzw. Nachmittagsschläfchen gab es ein sehr besonderes Essen. Tomaten, Scampi in Tomatensoße mit Nudeln. Perfekt gewürzt. Und das Beste. Ich wurde bekocht. Danach ein Spaziergang, eher der Vernunft geschuldet, als dem unbedingtem Wollen, brachte mich auf knapp fünftausend Schritte. Gut gemacht.

Tag 126

Diskussion zum Thema Rechtschreibung. Mir ist es egal, ob ich beim Schreiben Fehler übersehe. Mein Argument, ich schreibe meine Texte hintereinander weg. Wenn ich beim Schreiben über Groß- und Kleinschreibung, über Kommasetzung oder Grammatik nachdenke, dann klappt es nicht so mit dem Schreiben. Es läuft nicht. Argumente für richtiges Schreiben sind vorhanden. Zum Beispiel, der Respekt dem Leser gegenüber. Der sich mit meinen Fehlern auseinandersetzen muss. Und der Sprache selbst gegenüber aber wie läuft es dann so mit dem Schreiben? Ich könnte nach dem Schreiben ja den Text kontrollieren. Aber. Der innere Schweinehund. Vielleicht. Vielleicht. Ganz vielleicht mache ich das ja. Und der Tag gestern. Ich hatte Waldsehnsucht. Nur leider funktionierte es nicht. Grauer Himmel, der doch tatsächlich Regentropfen fallen ließ. Und ich ohne Regenjacke. Das geht nicht. »Erkältungsalarm«. Wir gingen nicht, wie gedacht um den Sacrower See und dem dazugehörigen Königswald. Sondern »nur« zum Schloss Sacrow und der Heilandkirche. Laufen durch den dazugehörigem Park und Blick auf die Glienicker Brücke. Deutsche Geschichte wieder hautnah erlebt. Wobei die Glienicker Brücke im Nebel oder leichtem Niesel versank. Nachmittags habe ich gelesen. Ein ganzes Buch über die Geschichte des Ortes Klein Glienicke. Spannung. Die Geschichten der Menschen, die dort lebten. Interesse an Menschen eben.

Meine Babyhaare auf dem Kopf wachsen. Ich kann nur nicht einschätzen, ob hell oder dunkel.

Das mit dem Schlafen, das muss ich noch weiter üben. So ein Mist, wieder zu oft wach. Das gefällt mir immer noch nicht.

Tag 127

Katze Cookie hat ein Körbchen, in dem sie die Tage eingekuschelt verbringt. Mal kommt sie raus, geht was essen, zur Katzentoilette, oder auch mal zum Luft schnappen raus. Bei dem Wetter von gestern wird sie wohl eher drin geblieben sein. Ich auch. Der gestrige Tag war vergleichbar mit dem Tag einer Katze. In der Höhle (Bett) eingekuschelt. Mal rausgetapst zum Toilettengang. Mal in die Küche, was zum Essen holen. Aber dann sofort wieder in die Höhle. Nur nicht verlassen. Serien geschaut. Geschlafen. So ging es in einer gleichmäßigen Reihenfolge. Völlig entgegen dem Plan, der da war. Schuhe mit »fetter« Profilsohle zu kaufen. In Blau. Und weiterhin nach dem blauen Parka Aussicht zu halten. Ging nicht. Ging gar nicht. Und so ein Höhlenmensch braucht ja weder Parka noch Schuhe. Irgendwann hatte ich dann genug vom Serien schauen und schlafen. So gegen 17:30 Uhr hatte ich dann eine Entscheidung getroffen, inzwischen war es nicht nur nass, sondern auch stockdunkel draußen. Richtig dunkel. 17:30 Uhr. Unverständlich. Doch verständlich. Zeitumstellung

Ich hatte die Entscheidung getroffen. Aufzustehen, Duschen und dann ab nach Bernau. Über die dunkle, nasse, volle Autobahn. Es war einfach oll. Meine Bewunderung für den Fahrer war grenzenlos. In Bernau hatte meine Tochter gekocht. Und da war es dann, mein neues Problem. Mir schmeckts nicht mehr, auch die »Beute« aus den Küchengängen, es war egal, ob Kuchen, Brot, Obst. Das finde ich schade und das gefällt nicht. Überhaupt nicht. Aber aber und das ist wiederum richtig gut, der Nachtschlaf hatte mich in seinen Armen. Und das gefällt mir so richtig gut.

Tag 128

Chemo Tag. Und immer grüßt das Murmeltier. Jeden Mittwoch wieder. Das bedeutet pünktlich in der Klinik zu sein. Gestern fuhr mich eine Freundin. Wir sind rechtzeitig los, sehr rechtzeitig. Mit uns aber auch viele andere. Ich sag nur Schienenersatzverkehr. Glück gehabt, wir waren fast pünktlich. Schnell zum Kapillar-Labor. Eine Person vor mir, dann war ich dran. Blut gezogen, warten, weil, es ist kaum zu glauben, das Computerübertragungsprogamm war wieder abgestürzt. Diesmal bekam ich einen Ausdruck in die Hand. Die Neutros über drei. Die Schwester konnte das Gift bestellen. Warten auf die Ärztin, auch hier alles in Ordnung. Die Schmerzen auf der linken Seite sind erklärbar, keine Bedenken. Dann ging alles schnell. Anpiksen, zum Chemo-Saal und ran an die Tüten. Die Medikamentenbeigaben konnte ich gut vertragen, drei Tüten. Dauer, etwa eine Stunde. Die Schwestern im Saal unterhielten sich über Katzen. Katzen und was sie essen. Zum Beispiel Kuchen. Da wurde ich hellhörig. Kuchen. Ich hab mich nicht eingemischt. Ausgangslage des Schwesterngespräches war. Katzen schmecken nicht Süßes. Davon hatte ich auch schon gehört. Ich sags ja, ich könnte eine Katze sein. Als ich an die Giftleine angeschlossen wurde, fielen mir die Augen zu. Dann wurde ich vom Piepen geweckt. So ganz richtig zu mir gekommen bin ich dann nicht mehr. Die Abholung, meine Abholung, klappte dann auch prima, ziemlich prima. Zuhause aufs Bett und dann war der Tag gelaufen, besser gesagt verschlafen. Immer wieder sind mir die Augen zu gefallen. Schweißausbrüche standen an der Tagesordnung. Ziemlich unangenehm. Ja und mit dem Essen und dem Geschmack, das ist komisch. Zum Abend kochte mein wunderbares Kind, machte Essen. Es schmeckte. Aber es schmeckte anders. Und ich hatte Hunger. Der Geschmack irritierte mich schon. Dann blieb ich auf dem Sofa, bis mein Bett mich rief. Gute Nacht.

Tag 129

Ein Herbsttag, wie aus dem Bilderbuch. Morgens gab es etwas Reif im Garten. Eine Freundin hatte sogar Eisblumen am Fenster. Ein schöner Spätherbsttag war zu erwarten. Rückwärts betrachtet hatten wir diesen auch. Wie schön, dass ich ihn so genießen konnte. Ein Angebot zum Spazieren gehen das habe ich genutzt. »Wollen wir in den Wald?« Meine Begleitung wollte. Ab in den, meinen kleinen Wald. Es gab Pilze. Ich war mir nicht sicher, ob es noch welche gibt. Es gab welche. Es gab viele. Wir haben sie eingesammelt. Nicht alle, für die »Nachmittagssammler« sind einige stehen geblieben. Wir sind eine schöne Runde gelaufen. Die Pilze waren für die Begleitung. Wegen der Darmwinde, meiner Darmwinde. (Dazu schreibe ich nichts weiter, wirklich nicht, versprochen) wir mussten uns dann ganz schnell trennen. Dann zuhause etwas Ordnung gemacht, ausgeruht und da war sie schon da, die, meine Fußpflegerin. Ich hab die Nägel schön. Und die Füße auch. Ein kurzer Nachmittag mit den Kindern, mit meinen Kindern. Eine kurze Shoppingtour mit dem Kind war erfolgreich.

Mein Abendbrot, irgendwie abgefahren. Der Plan. Omelette mit Räucherlachs. Umentschieden, da es keinen Bio-Räucherlachs gab. Umentschieden auf Omelette ohne etwas. Am Ende war es dann Häckerle auf Brot. Und da waren sie wieder die Darm. Aber davon wollte ich nicht mehr erzählen.

Inzwischen kristallisiert sich der Freitag aus der »mir geht's nicht so toll Tag« heraus. Letzte Woche war es so und diesen Freitag auch wieder. Zudem »mir geht's nicht so toll«, kommen Fressatacken, so unter dem Motto, mir ist schon schlecht. Irgendwas passt schon noch rein. Einfach oll, richtig oll. Gepaart mit den Darmproblemen bin ich in einer, im wahrsten Sinne des Wortes, besch... Situation.

Ich frage mich, warum bekomme ich das nicht in den Griff? Irgendwie glaubt jeder, ich bin so stark, weil ich mit der Situation so gut umgehe. Mit der Situation gehe ich schon gut um. Ich bin, was die Krankheit und deren Heilung betrifft (noch) angstfrei. Aber das Kümmern um mich, dazu gehört gesunde Ernährung, gutes Körpergefühl. Bekomme ich nicht hin. Echt ärgerlich. Dazu kommt, dass mir etwas »Freiheit« fehlt. Der wöchentliche Rhythmus der Chemo und damit der verbundenen Aktivierung der Putzkolonne ist anstrengend. Die kleinen einzelnen Putzleute versuchen durch Hände und Füße raus zu wollen. Es kribbelt fast immer, fühlt sich komisch an. Mein sozialer Kontakt gestern, unsere Postfrau, sprach mich an, sie sagte, es tut ihr leid, dass ich krank bin. Ich hab gesagt, mir auch, aber im Sommer bin ich wieder fit. Versprochen.

Und dann ist unser Projekt Schuppen in der Endphase. Ich muss / will ihn noch vor dem Winter streichen. Solche Arbeiten gehen dann wohl, montags und dienstags. Na ich bin gespannt. So rein theoretisch sollte ich es schaffen.

Tag 131

Die Gegend um die Max-Schmeling-Halle in Berlin war gesperrt. Gesperrt ist nicht ganz richtig, die Straßen waren alle mit Halteverboten ausgeschildert. Parkplätze. Die richtige Frage. Was sind Parkplätze? Davon später, ziemlich viel später. Gestern war ein aktiver Tag. Früh einkaufen. Kochen. Es gab Tomatenreis. Tomatenreis mag ich sehr gern, wirklich sehr gern.

Am Nachmittag hatte ich eine Kaffee-Einladung, vorher einen Spaziergang. Meine Vorstellung, dass ich dort wohne, wo andere Urlaub machen, hat sich wieder bestätigt. Oder eben kurz davor, oder mittendrin. Natur, Kultur, Kunst. Egal, was gewünscht wird, nichts ist weiter als eine halbe Stunde entfernt. Gestern also ein Spaziergang, am Rande des Biosphärenreservates. Er führte mich zu einem Aussichtspunkt, Aussichtsturm, Eulenturm. Von da aus gibt es einen sagenhaften Blick auf den See, den Grimnitzsee. Am Rand des Ufers, auf den Sandbänken rasteten Vogelkolonien. Kormorane, Schwäne, Gänse und andere Vögel. Mal flogen die einen, mal die anderen auf. Da muss ich unbedingt noch mal hin. Das Dorf, gepflegt, ordentlich. Auf einem Platz hat sich ein Bildhauer verewigt. Drei Figuren thronen auf Felssteinen. Na dabei das Tor zum Reservat. Und die Wiesen voller Schirmpilze. Ein schöner Ort. Leider, wirklich sehr leider hatte ich mein Handy vergessen. Keine Fotos. Das bedeutet, lasst die Phantasie spielen. Beim Laufen Gespräch, ich freue mich so sehr, wenn ich mich mit Menschen treffe, denen es gut geht. Nach dem Kaffeestündchen (Mexikanische Apfeltorte) bin ich über die Autobahn nach, ein nicht nach Hause. Ich habe solche Sehnsucht nach Basketball. Es gab ein Spiel in der schon erwähnten Max-Schmeling-Halle. Nicht in der Großen. In einer der Nebenhallen. Mit wenigen, sehr wenigen Zuschauern. Das bedeutet geringe Ansteckungsgefahr. »Mein Team« hat leider verloren, aber mein Lieblingsspieler war sehenswert.

Und das Park- und Halteverbot vor der Halle war nicht für Busse. In der Haupthalle, mit 12000 Plätzen fand eine ausverkaufte Veranstaltung statt. Militärhitparade, oder so ähnlich. Die Zuschauer wurden mit Bussen angekarrt, deshalb kein Platz für Autos. Nach einigem Suchen hatte ich einen Parkplatz. Parkschein vergessen. Glück gehabt, kein Ticket. Abends gab es dann noch eine Einladung. Als ich im Bett war, bin ich sofort eingeschlafen und habe gut geschlafen. Ziemlich gut.

Es ist erschreckend. Wintereinzug ist angekündigt, und es ist noch so viel zu tun. Warum kommt das alles immer so überraschend? Hatten wir nicht gestern noch Sommer? Sommer. Die Geranien blühen dick und fett. In Rot und Weiß auf der Fensterbank. Nagelneu bei mir, eine kleine Freude bis zum Frost. Winterfestmachung steht an. Regenrinnen, erledigt. Bäume sind schon toll. Nadelbäume noch mehr. Aber wenn die Nadeln sich in den Rinnen verhaken, dann ist es nicht mehr so toll. Regenrinne auseinandergenommen. Nadeln raus. Regenrinne wieder ran. Liest und vor allem schreibt sich schneller, als es tatsächlich ging. Dazu gehörte auch Regenfässer ausschütten und umdrehen und einen weiteren Ablauf an die Rinnen montieren. Ich fand uns ziemlich gut. Besonders das große kleine Kind, handwerkliches Geschick wurde ihm vererbt. Er lernt schnell. Er ersparte auch den Elektriker. Nein, er war nicht an der Elektrik. Um Gottes willen. Überhaupt nicht, aber durch das einfache Wechseln der Glühbirnen hat er den Elektriker erspart. Denn den hätte ich beinah gerufen, weil beide Außenbirnen zur selben Zeit ausgefallen sind. Gut, dass ich es nicht getan habe. Der Elektriker hätte sicher einen Doofheitszuschlag genommen. Dann war da noch die Rankhilfe für den Wein, ein Fehlkauf, auch hinbekommen. Wir waren wirklich gut. So gut.

Nun wartet der alte Schuppen auf eine liebevolle Behandlung. Bekommt er. Vielleicht. Bestimmt. Ganz sicher. Vielleicht auch noch diese Woche. Vielleicht.

Schade ist, wenn man vergisst. Oder heißt der Spruch. Glücklich ist, wer vergisst. In meinem Fall. Schade ist, wenn man vergisst. Ich habe vergessen, dass wir am Tag 132 ein supergeniales Abendessen hatten. Es war so lecker, dass das fleischessende Kind sein Fleisch stehen gelassen hat und die Veggieburgervariante gegessen, gegessen ist der falsche Ausdruck. Eingeatmet. Eingeatmet ist der richtige Ausdruck. Veggieburger mit Rotebeetepatty. Wir machen das ganz bald wieder. Der Tag gestern begann mit einem längeren Spaziergang, vorbei an der dicken Katze. Eine Frühstücksverabredung, plaudern, lachen, überlegen, Meinung austauschen. Wieder zu Hause, kurz ausgeruht und dann erfolgte der Gang in den alten Schuppen. Mein Gott, hab ich Zeug. Das bekomme ich hin. Es ist ein Projekt. Am Nachmittag, nach einer Ausruhzeit, noch ein Spaziergang durch die Parks der Stadt, über den Wall und dann den zauberhaften Weg zum Bahnhof. Unterwegs konnte ich eine »Überwachungsanlage« und einen Taschenstrauch sehen. Zurück nach Hause. Platt. Ofen an. Chillmodus. Und bevor ich es vergesse. Zu Essen gab es eine Premiere. Ich war überrascht, wie gut es schmeckte. Gräupchen.

Tag 135

Ein Tag für mich alleine. Keine Verabredung, aber viel zu tun. Kurz – der alte Schuppen ist aufgeräumt. An den Sträuchern habe ich mich ausgetobt. Laubharken habe ich mir für später aufgehoben. Im Frühjahr vielleicht. Am Nachmittag ein Gang in die Stadt. Wieder in der Zeit verschätzt. Ich konnte nicht alles erledigen, was zu erledigen war. Nun morgen auf ein Neues. Auf dem Weg erinnerte ich mich an ein Ereignis vom Montag, ein kleines am Rande, aber es war wieder präsent. Im Frühstückscafé »tagt« montags die Stillgruppe. Ich hatte gedacht, das wird nichts mit gemütlichem Frühstück. Still, sondern eher lauter, eine Stillgruppe ist bei mir laut belegt. Nicht still. Aber die Stillgruppe war gar nicht so laut, nicht still, aber auch nicht laut. Sie kamen vom Mutter-Kind-Sport aus dem Park. Ich hatte mich schon gewundert, warum sie alle Sportkleidung trugen. Irgendwann erschloss es sich mir. Die Trainerin trug ein Shirt mit dem Aufdruck »pink is the new Black«. Welche Farbe hatte das Shirt? Auf einmal fing eins der Kinder laut an zu weinen und ließ sich nicht beruhigen. Die Mutter und zwei weitere Damen liefen mit ihm zur Toilette. Das Baby hatte nur die Windel voll, warum sind alle aufgeregt. Verwunderung bei mir, die Servicefachkraft erklärte es. Das Baby hatte sich den Milchkaffee gegriffen. Es tat mir leid. Die Überlegung ist nur, wenn so etwas passieren kann, ob es so schlau ist, mit Baby ins Café zu gehen. Ich hab nichts dazu gesagt. Wirklich nicht. Eine Erledigung habe ich schaffen können. Stiefel zum Schuhmacher. Der beste Schuhmacher der Stadt hat ein Orthopädiefachgeschäft. Alle Angestellten sind immer beschäftigt. Ich hatte Glück, dass ich zum Abgeben der Stiefel rankam. Im Augenwinkel lachten mich ein paar Hausschuhe an. Ich hatte keine Hausschuhe mehr, seit ich zwölf war. Wieder angestellt, um welche zu kaufen. Ich kam nicht mehr ran, die Angestellten hatten alle mit Bestellkunden zu tun. Keine Laufkundschaft, die ich ja war.

Dann bin ich gegangen. Schade keine Hausschuhe. Auf dem Nachhauseweg am besten Bäcker der Stadt vorbei. Er schließt 16:30 Uhr. Das erscheint logisch. Und dann traf ich eine Bekannte. »Ach Mensch, ich wollte mich ja schon lange bei dir melden.« Und ich. »Ich hab mich auch schon gewundert.« Ja, das Leben geht weiter. Der Alltag lässt wenig Raum für anderes.

Tag 136

Mein Tag war ohne Besonderheiten, zur Klinik. Nicht abholen lassen. Nein, gelaufen. Nicht zur Klinik, sondern zum Treffpunkt. Zwanzig Minuten gemütlich geschlendert einen Weg, den ich sonst nur fahre. Landschaftspfleger waren dabei, Laub zu harken. Die Eisenbahner-Häuser in der Nachbarsiedlung sind fertig umgeändert, die Außenanlagen sind fertig. Es gibt wieder Schotter / Bohlen »Hübschheiten«. Dann saß ich im Auto, die übliche Mittwochstrecke. In der Klinik angekommen, Blut, Schwester, Ärztin, Anstöpseln, Gift läuft. Eingeschlafen. Abgeholt, und zuhause direkt aufs Bett. Es klingelt. Ich denke, es ist mein Kind, das den Weg noch mal zurückgeht. Ich mach die Tür auf, sie wird ja gleich kommen. Lege mich wieder hin, schlafe sofort. Mein kleines großes Kind kommt und wundert, warum die Tür auf ist. Ich »weil du gekommen bist« sie »ich bin jetzt gekommen« ich »nein vorhin doch, dann bist du noch mal gegangen.«. Sie »nein«. Ich »mhm«. Es hat sich aufgeklärt. Es war die Postbotin. Ich hab's nicht gemerkt. Abends, später Abend hab's den obligatorischen Milchreis. Und dann ins Bett.

Vormittags Haushalt. Es ist ziemlich genial, wie viel Zeit ich dafür habe, aber auch benötige.

Am Nachmittag, noch im Hellen zum Bahnhof gelaufen. Ich bin nicht mit den öffentlichen Verkehrsmitteln gefahren. Das geht nicht, überhaupt nicht. Wirklich nicht. Meine Tochter Enna kam mit dem Zug und ich habe Sie abgeholt. Ein gemütliches Mutter-Tochter-Kaffeetrinken. Einfach schön, es sind die kleinen Dinge, die das Leben so schön machen. Das Café voller Leute, am Nachbartisch eine einzelne Dame, die unser Gespräch verfolgte und immer mal ihren »Senf« dazu gab. Café eben. An einem anderen Tisch alte Lehrerinnen. Wie alt sie geworden sind.

Inzwischen wurde es dunkel. Auf nach Hause. An unserer traumschönen Stadtmauer entlang. Ein visuelles Erlebnis

Schlafen müssen wir noch üben, so ein richtiges Durchschlafen wäre schön. Der Versuch, am Tag nicht zu schlafen, um dann durchschlafen zu können, hat nicht wirklich etwas gebracht. Schade, wirklich schade. Dabei war der faule Freitag gestern gar nicht so faul. Nach einem kurzen, morgendlichen Besuch ging es in die Stadt. Zu Fuß. Über Stadtverwaltung und Brezelbäcker zurück. Es gab sie. Ich habe alle aufgekauft, die Splitterbrötchen. Beim Bäcker ist mir dann auch aufgefallen, dass der 11.11. war. Gut das mir Fasching nicht wichtig ist. Der Spaziergang, eine tolle Runde in ganz klarer kalter Luft. Alles sehr klar, mein Kopf auch. Wieder zuhause eine kleine Pause. Es war eine Größere. Musik gehört, gebügelt, den Tag genossen. Angefangen, etwas Winterdeko im Garten anzubringen. Gemeinsames Essen. Und dann ab ins Bett. In der Hoffnung, durchzuschlafen. Es war ja kein fauler Freitag. Hat nicht geklappt, wie gesagt, das muss ich noch üben.

»Ich liebe es, wenn ein Plan funktioniert.« Gut, dass ich noch mal gegoogelt habe. Beinahe hätte ich die Aussage der Olsenbande zugeschrieben. Wäre falsch gewesen. Er gehört zum A-Team. Egal, ich mag den Satz und zu gestern wäre er perfekt gewesen. Also, ich liebe es, wenn ein Plan funktioniert. Nur hat der Plan für gestern nicht funktioniert. Kein Lagerfeuer, kein Basketballspiel. Dafür ein Besuch auf dem Recyclinghof. Kurz vor Feierabend. Die Wartezeit, bevor wir auf das Gelände fuhren, ca 15 Minuten. Im Kofferraum, Dachpappe. 28 Kilo. Die Entsorgung kostet dreißig Cent pro Kilo, der Umwelt zuliebe. Die Angestellten sind nett. Aber bestimmt und total auf den nahenden Dienstschluss fokussiert. Einer überlegte, was er auf den Überstundenzettel schreiben sollte. Ich hab die Überlegungen, seine Überlegungen unterbrochen. Eine Frage, wie ich den Plastemüll loswerden kann. Ich weiß noch nicht, ob ich den auch dort hinbringen kann.

Am Nachmittag dann »Jagt auf blaue Boots« erfolgreich. Der Schnee kann kommen, oder besser noch nicht. Es fehlt noch die / der / das blaue Jacke / Parka / Mantel. Und. Nein, ich beschreibe nicht, dass wir zur Feier der Schuhe, Kaffee trinken waren. Sonst sieht es so aus, als wenn ich immer im Café sitze. Und da ich es nicht schreibe, erfahrt ihr auch nicht, dass es wieder total schön war, das Café mit einem Blumenladen gekoppelt ist und dort Papageien leben. Schade eigentlich, dass ihr das nicht erfahren werdet. Es war sehr schön, den Tag leben, den Tag zu leben.

Tag 141

Sonntag, das kleine große Kind, spielt in Oldenburg, seine Schwester hat ihn früh um sechs zum Treffpunkt gefahren. Ich war wach. Früher, in der Vergangenheit bin ich gern als Fan mitgefahren. Das Team, sein Team hat gewonnen. Tabellenführer. Mutti ist stolz. Selber habe das Haus nicht verlassen. Es war mir zu kalt. Ich konnte mir einen Traum erfüllen, mit Unterstützung meiner Tochter. Wir haben den oberen Wohnraum einmal gedreht, obwohl wir diesen selten nutzen, eindeutig zu viel zu Hause. Mir fällt immer wieder etwas ein. Zuviel, da bei der Umsetzung Unterstützung notwendig ist und falls es dann nicht so aussieht, wie ich es mir vorstellte, geht alles zurück auf Start. Das ist es, was die Helfer nicht mögen. Die Idee von gestern sah so aus, wie ich es mir vorgestellt habe. Glück gehabt.

Zu essen gab es Reste. Ansonsten war es gemütlich. Meine Putzkolonne in mir, sie ist wieder aktiv. Sitzt in den Füßen und Händen. Es kribbelt und kribbelt. Es wird wohl noch zehn Wochen so weiter gehen. Oder nur neun?

Einkaufen ist immer so eine Sache, bei Lebensmitteln macht es Sinn, diese selber einzukaufen, auszusuchen. Nur ist man in Supermärkten eher nicht allein. Der Vorteil, dass man Leute beobachten kann. Da gibt es die Zetteleinkäufer, die akribisch jeden Posten abhaken und hektische Flecken bekommen, wenn ein Produkt nicht im Regal liegt. Hier hab ich echt Lust, etwas in deren Wagen zu packen, was gar nicht zum Einkauf passt. Kondome und Rotwein zum Beispiel. Nur um dann hinter den Personen an der Kasse zu stehen und zu beobachten, was dann passiert, sofern sie es merken. Bisher habe ich mich das noch nicht getraut, noch nicht. Dann gibt es die Austauschkäufer, das sind die, die, leere Pfandflaschen bringen und die gefüllt wieder mitnehmen bevorzugt mit Alkohol, manchmal gibts noch Toastbrot dazu. Das sind die, die mir leidtun. Erwähnenswert, die

Taschengeldeinkäufer, die Kids, die mehrfach durchrechnen, ob es dann auch reicht, das Geld. Nur um sich dann an der Kasse verrechnet zu haben. Hätten sie mal in Mathe aufgepasst. Und dann gibt es die Leute wie mich, die wegen eines Artikels in den Laden gehen, denen unterwegs dann einfällt, dass man auch etwas zum Abendessen benötigt. Denen im Laden dann auch das eine und andere in den Wagen fällt. Denen dann zu Hause beim Auspacken auffällt, dass das, weswegen man in den Supermarkt gegangen ist, vergessen ist. Also noch mal los. So gestern passiert. Dazu kam, dass ich das Gefühl hatte, dass mir jemand die ganze Zeit nachgelaufen ist. Das war unangenehm. Also schnell wieder raus aus dem Geschäft.

Das Kribbeln in Händen und Füßen geht weiter. Es werden wohl noch elf Wochen sein. Mit dem Zählen hab ich es gerade nicht so. Aber es gibt was Tolles zu dem Kopfhaar zu berichten. Es wächst weiter. Vielleicht habe ich Weihnachten schon eine Frisur. Das wär schön, so schön.

Tag 142

Der November, kalt nass, oll. Er zeigt sich tatsächlich so und das ärgert mich. Besonders das nass. Dazu kommt auch noch die schnelle Dunkelheit. November ist so unperfekt.

Gestern war dann ein Tag, so richtig November. Sofern der November beschrieben werden soll, schau dir den 15.11.2016 im Wetterprotokoll an, das ist ein Novembertag, so wie November ist. Das Gegenprogranm zum November heißt »Gemütlichkeit«. Ofen an, Kerze an, Strickzeug raus. Anfangen zu stricken und der Katze Heidi erklären, dass die Wolle nicht zum Spielen ist. Stricken, Katze Heidi erneut erklären. Ich glaube ja, dass sie mich versteht. Also stricke ich weiter. Die Katze, jetzt scheint sie es verstanden zu haben. Ich stricke. Komme dann am Ende auf ca 15 cm, ich brauche aber ca 85 cm. bei ca 90 Maschen. Ostern ist die Jacke vielleicht fertig allerdings nur, wenn ich denn weiter stricke und die Katze sich merkt, dass der Wollfaden meiner ist. Inzwischen habe ich Internet-Radio für mich entdeckt und kann es auch bedienen. Jazz und Deutschrock. Es dudelt den ganzen Tag.

Hände und Füße kribbeln weiterhin. Vom Gefühl her, immer kurz vor dem Stechen. Nein, Achtung, nein. Ich jammere nicht. Ich stricke dagegen an.

Tag 143

Und wieder ein Mittwoch. Irgendwie werden die Mittwoche immer anstrengender. Auch ich muss mich mehr anstrengen, den Mittwoch positiv zu sehen. Schaffe ich. Gestern hatte ich den Termin um halb neun. War aber so nicht in meinem Kopf abgespeichert. Ich bin von viertel neun ausgegangen. Na ja, so eine viertel Stunde ist ok. Aber als ich dann mit der Schwester zankte, welche Infusion ich bekomme, ist mir klar geworden, dass ich mir mehr notieren muss. Ausgegangen war ich ja von Chemo und Antikörper. Aber das hatte ich ja letzte Woche. Dadurch, dass ich so zeitig da war, es bei der Blutabgabe lehr und ich konnte direkt rein. Ich »Mensch sind Sie jetzt immer hier?« zur Laborantin. »Ich glaube, ich sehe Sie immer« sie zu mir »ach, immer bin ich nicht da, aber ich kenne Sie wirklich. In welche Schule sind Sie denn gegangen?«. Wieder eine. Ich muss mich total benehmen, wenn mich immer alle kennen. Die Blutwerte waren ok. In der Wartezeit bei Schwester und Ärztin konnte ich beobachten, wie immer mehr Mitpatientinnen kamen, die, die immer da sind. Bei einer Dame scheint es Komplikationen zu geben. Das berührt mich. Dann war da die Dame mit Rollkoffer, die von ihrem Mann begleitet wurde. Beide aufgeregt. Ich glaube, er hat den Flur vermessen. Er ging immer wieder auf und ab. Ich bin inzwischen schon eine erfahrene Patientin. Immer mittwochs bin ich hier. Ja, die Ärztin war zufrieden mit mir, ich dann auch. Ab zum Anstöpseln und dann durch zum Chemoraum, es konnte gleich losgehen. Da sitze ich so und schau dieses Infusionsteil an und schaue und schaue. Am Stuhl gegenüber ist ein Herr, der mit den Schwestern zankt, bis die Chefschwester ihm zu verstehen gibt, dass es jetzt genug ist. Und ich schaue weiter. Irgendwas ist anders. Nach einer Weile fällt es mir auf. Es tropft nicht. Sieht die Schwester auch. Sie kommt mit einer Blutdruckmanschette an. Ich sofort den Arm hoch. Aber sie war nicht für mich. Sie war für die Tüte, damit es anfängt zu tropfen. Ging trotzdem

nicht los. Also wurde der Schlauch gespült. Und dann, es lief.
Mir fielen die Augen zu und ich schlief. Zu Hause dann sofort
aufs Bett. Da lag ich nun und schlief weiter, mit dem Ergebnis,
dass ich nachts immer wieder wach lag. Um drei musste ich
dann unbedingt etwas essen. Ein Käsebrot. Geschmeckt hat es
nicht wirklich, es hat satt gemacht. Apropos essen. Ich hab die
Ärztin auf das Abnehmen angesprochen. Ich war gemein, es war
eine Vertretungsärztin. Sie hat sich bemüht, der eigentlichen
Ärztin nicht in den Rücken zu fallen. Sie hat es echt elegant
gelöst. Sie sprach davon, dass ich mich während der Behandlung
gut fühlen soll, aber Übergewicht auf Dauer Lebensjahre stiehlt.
Das gab mir zu denken.

Tag 144

Der Tag nach Mittwoch. Es war schwer, in Tritt zu kommen. Nachdem (wieder mal) schlechten Nachtschlaf hatte ich einen ziemlich gesunden Vormittagsschlaf. Verabredet zu einem längeren Spaziergang, der aber auf Grund des Wetters ausfiel. Schade, sehr schade. Eine Mittagsverabredung beim Asiaten des Vertrauens. Meine Lieblingssuppe, scharf gewürzt. Lecker. Das dazugehörige Gespräch. Normales Leben. Zum Abschied gab es einen Glückskeks. Ich bin gespannt, ob und wann sich die Prophezeiung erfüllt. Am späten Nachmittag ein Besuch in der Bibliothek. Es macht mir so viel Spaß, in den tollen Bildbänden zu schmökern. Geschätzte zehn Kilo Bücher durften mit nach Hause. Ich freue mich total auf die Lesezeit und die »Bilderbuchanschauzeit«.

Tag 145

Der Tag begann um Sechs, das heißt, ich stand um sechs in der Küche. Geburtstagsfrühstück für eine liebe Freundin. Nein, nicht wie es sich jetzt liest. Sie hatte nicht gestern Geburtstag, sondern das Frühstück war mein Geschenk. Und es sollte Homemade sein. Die Einladung zu um sieben. Früh, es war ja ein Frühstück. Ofen angeheizt, Kerzen angezündet, Brot in den Backofen, Obst geschnitten und die Käseplatte gerichtet und die »Overnitghs« aus dem Kühlschrank geholt. Tisch gedeckt. Dann war sie schon da, zwei Stunden geschlemmt, gequatscht, das Leben gefeiert. Wohlgemerkt früh um sieben bis neun, ohne Sekt. Dann war ich allein. Haushalt und ein bisschen Deko und schon meine Mädchenverabredung da. Ein toller Nachmittag dieser Freitag war kein fauler Freitag. Wirklich nicht. Abends war erneut Gemütlichkeit angesagt. Mit Rote-Beeteburger. Unser neues Lieblingsessen. Ein toller Tag, ein toller Freitag. Ein Freutag.

Tag 146

So ein Sonnabend ist schon ein toller Tag, besonders, wenn alle Lieben zuhause sind. Frühstück. Hier sind alle nach der »Altersreihung« erschienen. Erst die Alten (wir Alten, das ist echt ein komisches Gefühl). Dann kam Enna und die anderen beiden mussten sich dann mit den Resten begnügen. Wobei »Reste« relativ ist. Wir hatten ja noch guten Käse. Brötchen vom Lieblingsbäcker und Tee. Also alles in allem ein gutes leckeres Frühstück für alle. Das Frühstück wurde untermalt von Musik. Swing. Der sich, dank eines Lautsprechers noch besser anhörte. Die Tagesplanung besprochen. Fototime für Weihnachten. Es wird von Jahr zu Jahr schwerer, diese, meine Kinder dafür zu motivieren. »Ach waren das noch Zeiten, als wir einfach ein Foto mit dem Handy gemacht haben.« Anziehen, Location aussuchen. Präsentieren. Lichtverhältnisse anpassen. Dann noch entspannt schauen. Ich glaube, nächstes Jahr ... Nein, da will ich nicht, nein wirklich nicht nachdenken.

Und dann war der Tag dafür vorgesehen, zum Friedhof zu gehen. Nicht nur wir waren da, viele Angehörige. Ein Treffpunkt für Hinterbliebene, die sich freuen, Bekannte zu treffen und zu quatschen. Wie die zwei Damen, die vor uns auf dem Weg waren. Beide hübsch mit roter Steppjacke. Damit waren sie an Platz zwei der Farbenfrohheit auf dem städtischen Friedhof.

Sie gingen drei Schritte vor. Stehenbleiben weiterreden (ich vermute ja, über gemeinsame Bekannte). Weiter tapsen, stehen bleiben. Jetzt waren die Nachbarn dran. Nun hatten wir sie eingeholt. Überholt. Sie blieben wieder stehen und nun waren wir dran, wir waren das Thema der Damen. Sie hätten auch etwas leiser reden können. Wirklich. Das Grab war schnell hergerichtet. Warum der Efeu aber auch immer so schnell wächst.

Aber als erfahrene Grabgestalterin hatte ich ja die Damenrosenschere in der Tasche. Der Einsatz gegen den Efeu lohnte sich. Der Weg nach Hause ging an der neuen Schranke vorbei. Ich mag die Gestaltung des »Eisenbahnerviertels« sehr. Ich warte auf den Tag, wenn die erste Lok dort steht. So ganz nebenbei, die Lok, die Lok (unser Basketballverein) hat gewonnen und steht an der Tabellenspitze. Sie schaffen es ohne mich. Mein Basketballhighlight war keins. »Mein« Team wurde vorgeführt. Um mit den Worten des Trainers zu sprechen »Seniorenbasketball«. Wobei die Senioren die Abgezockten waren und mein Team überrannt haben. Aber das wird wieder, ganz sicher. Hände und Füße kribbeln. Im Bauch ziept es und auch das wird wieder.

Tag 147

Der Sonntag war mein Freitag. Der Nachtschlaf war relativ ok, dennoch kam ich nicht in Tritt. Genervt schon am frühen Morgen. Ok so früh war es dann doch nicht. Frühstück und danach habe ich mich erneut hingelegt. Es ging nicht anders. Leider. Irgendwann dann, der Wunsch, doch eine Runde zu gehen. Sie war nicht so lang. Also fast nicht erwähnenswert, wenn da nicht, also wirklich, wenn da nicht auf der »Flaniermeile« die Flaschencontainer nicht bedienbar waren. Für mich sah es aus, als wenn eine große Draußen-Party gefeiert worden wäre. Flaschen über Flaschen. Diverse alkoholische Getränkesorten, Wein, Sekt, harte Sachen. In Plastetüten, in Mehrwegtaschen oder auch nur so. Ich war überrascht. Wo kommen diese vielen Flaschen her und wie groß muss die Sammelstelle unter der Erde sein. Der Spaziergang endete mit einem Eis auf die Hand. Am 20.11. kaum zu glauben. Wieder zu Hause angekommen, wurde ich bekocht. Das gefällt mir. Dann war der faule Sonntag fast vorbei. Es kam noch ein Tatort. Der war eigenartig. Sehr eigenartig. Und unsere Kanzlerin will noch mal. Sie sagte » ja ich will« bei Will.

Tag 148

Die Weihnachtsmärkte sind eröffnet. In Potsdam ist die Brandenburger-Straße in weihnachtlichen Budenzauber getaucht. Der Louisenplatz ist ein Weihnachtsrummelplatz. Fröhlich gestimmte Menschen erobern bereits vor dem ersten Adventswochenende die Weihnachtswelt. Händler hoffen auf gute Umsätze. Das Laufen auf der Brandenburger ist schwierig. Vor mir ein Paar, welches akut stoppt und ich laufe auf. Mir entgegen kommt eine Truppe Männer, die glauben, noch jung zu sein. (Einer davon mit offener Hose.). Aber schon im gesetzteren Alter sind. Nein, ich bin nicht spießig. Aber ... Die Preise in den Geschäften laden zum Shoppen ein. Obgleich es auch optimierungsfähig ist. So konnte ich gestern die Geduld der Verkäufer testen. Sie haben bereitwillig mitgemacht. Es war gleichfalls auch zu erkennen, was sie alles auszuhalten haben. Der ausgeschenkte Kaffe wird dort selbst geröstet. Schön, wenn die Tür sich öffnet, zieht der Duft durch die Straße. Im Café selbst Damen, alleine oder mit Freundin. Vereinzelt auch reife Paare. Der Kaffee ist großartig. Ein paar Tische weiter zwei Damen, gekleidet in bunten Lagenlook. Sie scheinen sich lange nicht getroffen zu haben. Sie tranken neben dem Kaffee auch Sekt und tauschten (Weihnachts-) Geschenke aus. Sie waren bestimmt zwanzig Jahre älter, gepflegt und vertraut. Schön zu sehen. Neben uns, eine einzelne Dame, welche eigentlich nicht wie eine Café-Haus-Gängerin aussah. Sie hatte sich ein Stück Torte ausgesucht. Mohntorte mit Buttercreme. Mir tropfte der Zahn. Ich hab sie nicht gefragt, ob ich kosten darf. Und dann war sie vorbei, die schöne Zeit. Abends, ich machte meine täglichen Strickübungen gegen die kribbelnden Finger, klingelte es, das Ordnungsamt kontrollierte abends halb neun. Wir haben falsch geparkt. Das ist Potsdam. Das Stricken hilft gegen das Kribbeln in den Händen. Leider kann ich nicht mit den Füßen stricken. Die kribbeln weiterhin und der Mund auch. Ach was, eigentlich der Körper. Die Putzkolonne kehrt aus.

Tag 149

Der Tag begann phänomenal. Die Sonne ging über Deutschland auf. Besonders schön strahlte sie am Potsdamer Himmel. Warmes, weiches gelb. In Berlin mit einem tollen Rot vermengt und in Ladeburg sogar mit lila Flecken. Einfach wunderbar. Von überall kamen Fotos. Wir hatten alle Freude daran, den Tag zu begrüßen und den Himmel zu fotografieren. Mein Tag danach Frühstück und Strickpensum. Der Körper kribbelt weiterhin. Ein Treffen mit meiner Tochter. Ach wie wunderbar. Wir gingen, schritten, schlenderten durch den Park. Den Park ohne Sorge. Über die Friedenskirche, über den Platz mit dem Brunnen vor dem Schloss, dem Teehaus bis hin zu den römischen Bädern, durch Laubhaufen. Vorbei an den Brettern, mit denen die Figuren eingebaut werden und auch vorbei an Knospen an den Sträuchern, zurück durch das grüne Tor. Den Weihnachtswahnsinn so gut wie möglich liegen lassen. Vorbei daran. Essen im veganen Café, eine Einladung meines Kindes. Die Suppe, rote Linsen mit Kokosmilch war supergewürzt. Es war Ingwer dran. Das machte es so besonders. Dann auf der Flaniermeile bis zum Käsekuchencafé. Die Flaschen, an der Flaschensammelstelle, standen noch immer da. Käsekuchen mit Mohn. Ich fühlte mich sofort in meinen Wohlfühlstatus versetzt. Im Café die üblichen Besucher. Aufgefallen ist eine Dame mit Hund. Einem Pudel im klassischen Haarschnitt. Er erinnerte mich an Tussi, unseren Pudel. Ich hatte sie schon fast vergessen. Sie lebte vor 25 Jahren in meiner Familie. Dann chauffierte mein Kind mich nach Hause, nach Bernau. Ein toller Tag mit Laufanteilen ging zu Ende. Noch nicht ganz. Eine weitere Strickeinheit in Gemütlichkeit. Die Katze schaute zu.

Tag 150

Und wieder ein Mittwoch. Mittwoch. Mitte der Woche und ein Zeitpunkt, ein fester Punkt in der Erziehungszeit für mich. Ich habe tatsächlich Parallelen zur Erziehungszeit für mich. Ja, zum Beispiel die Haare. Sie sind inzwischen zirka drei mm lang und haben die Haptik von Babyhaar. Nun war gestern Mittwoch. Der EINHUNDERTFÜNFZIGSTE Tag seit der Diagnose. Und ein Chemotag. Das bedeutet für mich als Müßiggänger, als Müßiggängerin, pünktlich in der Klinik zu sein. Wir waren pünktlich. Auf dem Weg dorthin, etwa an der Stelle, die ich im Spätsommer beschrieb. Da etwa, wo mir damals die Tränen kamen, Nebelschwaden auf dem Feld, im Hintergrund der Sonnenaufgang. Nicht so spektakulär wie Anfang der Woche. Aber trotzdem bemerkenswert. In der Klinik hatte ich dann einen Lauf. Blut abgeben, die Laborantin war mir bekannt. Dann über Schwester, die mich schneller aufrief als gedacht. Blutwerte ausgewertet, sie waren ok, sehr ok, um nicht zu sagen, sie waren gut. Blutdruck, hier war der Zweite wert besser als die Wochen vorher. Zur Ärztin. Das Kribbeln in Händen und Füßen besprochen, Fazit, es ist nicht zu ändern. Auch über meinen, ständig unterbrochenen Nachtschlaf sprachen wir. Wir haben über Schlaftabletten, die das Einschlafen beschleunigen beraten. Ich: »So etwas brauche ich nicht, ich möchte durchschlafen, mit dem Einschlafen habe ich kein Problem.« Sie: »Dann bekommen sie dieses Präparat.« Was lernen wir nur daraus? Sag konkret, was du möchtest, was ich möchte.

Dann ging es zum Anstöpseln und von dort direkt in den Chemoraum. Mein Gift war schon fertig angerührt, es konnte direkt losgehen. Und es lief. Ziemlich gut. Vier Tüten, davon drei in fünfundvierzig Minuten. Die letzte Stunde, die habe ich wie immer verschlafen. Geweckt vom Piepen des »Durchlauforganisierers«. Meine Abholung war schon da. Zuhause gab es dann Wunschmenü. Gegessen auf dem

Tagesbett. Schlaf. Ein Spaziergang. Zum Abend wurde asiatisch inspiriert gekocht. Irgend wann ging ich ins Bett. Anders als sonst konnte ich nicht einschlafen. Es ging sonst so gut. Diesmal lag ich lange wach. Wach. Wach. Irgendwann konnte ich dann schlafen. Es war zu wenig. Eindeutig. Bald probiere ich sie aus. Die Schlaftabletten.

Tag 151

Der Tag nach Mittwoch, ein Tag, an dem (eigentlich) nichtspassiert ist. (Eigentlich) rein gar nichts. Noch erschöpft vom Mittwoch, vom Chemo Mittwoch. Ich verstehe nicht, dass es Frauen und sicher auch Männer, die in den Zwischenzeiten der Chemo arbeiten gehen. Es ist für mich nicht nachvollziehbar, ich glaube, ich könnte es nicht. Finde es sehr bewundernswert. Als o ich könnte es wirklich nicht. Gestern hatte ich zu tun, den Tag zu beginnen, zu starten. Auf einmal war es schon Mittag, das lag vermutlich auch, an dem (wieder mal) gestörtem Nachtschlaf. Diesmal war das Problem das Einschlafen. Es klappte nicht. Einfach nicht.

Am Nachmittag bekam ich Besuch. Es war soooo schön. Wir tranken Tee mit Honig und redeten. Um vier war es dann schon fast dunkel. Das hätte es sein können mit dem Tag, der so gar nicht in Tritt kam. Der Tag, an dem Hände und Füße kribbelten und ich nicht richtig fit wurde. Aber war es nicht. Das kleine große Kind, der Enra hatte ein Testspiel gegen ein Team aus Victoria. Es ging nicht anders, ich musste es mir anschauen. Einfach aus dem Grund, dass voraussichtlich nicht viele Zuschauer da sein werden. Waren auch nicht. Der Schiedsrichter freute sich, mich zu sehen, und drückte mich, die Trainer grüßten. Ich saß zwischen Ihnen. Wir redeten, fachsimpelten etwas und sahen ein Spiel, welches so anders war als spiele, die ich bisher sehen konnte. Die Australier schoben sich über das Feld und ballerten auf die Körbe und trafen oft, sehr oft. Unsere Jungs hielten einen kleinen, aber feinen Vorsprung. Bis die Australier acht Hundertstel vor Ende einen Einwurf hatten. Der Ball fliegt zu einem Spieler. Der fängt und ballert auf den Korb. Uff. Nicht getroffen. Wir gewinnen mit einem Punkt. Ich hab mich gefreut. Der Tag war dann doch noch ein guter Tag. Und zur Nacht, Hot milk with Honey.

Tag 152

Der Freitag. Ein Freitag. Der Beginn war gut,
richtig gut. Frühstück mit einer Freundin. Reden, quatschen,
lachen. Zusammen in den Tag zu starten ist eine tolle Sache. Ich
hoffe, ich wünsche mir sehr, dass ich diese Liebgewonnenen
treffen am Morgen beibehalten werde, beibehalten kann, wenn
ich wieder gesund bin. Ich mag das wirklich gern.
Der Tag war vom Kribbeln geprägt, ein
Kribbelfreitag. Dazu kamen Schmerzen in den Beinen. Nun sind
sie da. Angekündigt waren sie schon länger. Nun sind sie da.
Hoffe, das legt sich wieder. Das macht es, ganz bestimmt. So
hatte ich wieder einen faulen Freitag.
So richtig gefällt er mir nicht, der faule Freitag.
Dazu kommt der schlechte Nachtschlaf. Das gefällt mir nicht.
Wirklich nicht.

Halb sieben, halb sieben. Das ist doch eine gute Zeit. Wirklich. Mit zwei Unterbrechungen, oder waren es drei? Das hatte ich lange nicht. Aber irgendwie passt das zum Thema »Erziehungszeit für mich« Es ist der sechste Monat in meiner Therapie. Auch ein Baby hat sicher im sechsten Monat Schlafstörungen. Jedenfalls war es bei meinen Babys so, als sie noch Babys waren. Also alles ok, zumindest aus der Sicht Erziehungszeit für mich.

Gestern war ein Tag, an dem ich allein war. Was mach ich an einem solchen Tag. Erst mal in den Tag kommen. Das dauerte so einige Zeit wirklich. Dann ging es los. Hausarbeit, etwas Weihnachtsdekoration. Und dann, dann habe ich einen kalten Hund gemacht. Er ist ziemlich lecker geworden. Adventskaffee kann kommen. Dann die übliche Strickerei. Bald ist das Rückenteil der Strickjacke fertig.

Vor dem ins Bett gehen, gab es wieder heiße Milch mit Honig. Dann schlief ich ein. Ja und wie.

Das war er nun der erste Advent. Mein Körper hat mir den Gefallen getan nicht so zu schmerzen, wie die Tage zuvor. Die Putzkolonne ist noch zu merken auch, oder besonders in den Beinen. Dennoch, sie konnte mich nicht davon abhalten, den ersten Advent zu feiern. Ist Feiern das richtige Wort? Sie konnten mich nicht davon abhalten, den ersten Advent zu begehen. Mein Nachtschlaf war, trotz Unterbrechungen recht erholsam. Heiße Milch mit Honig hilft tatsächlich, sie hat nur viele Kalorien. Vielleicht sollte ich auf das Abendessen verzichten, wenn das jetzt mein Schlummertrunk werden wird. Das hat dann aber zur Folge, dass ich morgens schon Hunger habe. Irgend was ist immer. Das mit dem durchschlafen ist, trotz des Schlummertrunkes so ein Ding. Aber, aber wirklich, nicht mehr so oll wie in der letzten Woche. Aus erster Hand, von einer jungen Mutter habe ich gehört, ihr Baby schläft auch nicht durch. So ist das in der Erziehungszeit eben. Nun war ja gestern der erste Advent (ich hatte es bereits erwähnt). Wir stellen uns üblicherweise einen Kranz mit vier Kerzen und wenn wir keinen Kranz haben, ein alternatives Gesteck auf. In meinem Fall lagen die Zweige für die Alternative bis mittags vor dem Fenster. Ich hatte einfach keine Idee, wie mein, wie traditionelles Gesteck aussehen könnte. Zumal meine Weihnachtskisten auf dem Dachboden stehen und ich mich nicht alleine hoch traute. Wie nun weiter? Dann kam sie, die Idee. Ich lasse Grün sprechen. Tanne, Tuja, Efeu, dazu Zapfen und ein paar kleine Kugeln, die meinem Aufräumwahn Entkommen sind. Der Advent konnte kommen. Vorher, vor dem ersten Advent machte ich noch einen Besuch. Neben einem Gespräch und fünftausend Schritten, hat mir dieser, noch einen wunderschönen kleinen Engel eingebracht. Einfach schön. Auf dem Weg dorthin kam mir ein Ehepaar entgegen, welches sich gerade ein Bild gekauft hat. Es war nicht nur der erste Advent, es war auch der Tag des offenen Ateliers.

Sie sahen so freudig aus, dass ich mich mitgefreut habe. Für das Paar und die Künstlerin. Zu meinem eigenen Adventskaffee wurde der kalte Hund angeschnitten. Er schmeckte so, wie ich es mir vorgestellt habe, weihnachtlich lecker. Gut gelungen, Schulter klopfen.

Und dann? Heiße Milch und ab ins Bett. Der Schlaf mit zwei oder drei kurzen Unterbrechungen, bis halb Sechs in der Frühe. Gefällt mir.

Tag 155

Es gibt so Sachen, die »man« so vor sich hinschiebt, immer wieder: Eigentlich sollte das schon so lange erledigt sein, aber der Faulpelz im Rücken, das Wetter, und anderes zu tun. Besuch, Garten, Kochen, Essen, Erholen. Also alles andere war wichtiger als das, was gestern endlich erledigt wurde. Schrank ausmisten. Es ging zügig. Längst verloren geglaubte Sachen tauchten wieder auf. Einige Stücke erzählten eine Geschichte. Schöne Erinnerungen, auch an schlankere Zeiten. Spannend ist auch, wie sich Kleidungsgeschmack ändert. Neben den Sachen reduzieren sich die Farben im Schrank. Schwarz, blau, grau, etwas rot (rosa gehört zu Rot) und etwas aus der „Weißpalette". Damit, mit den Farben, kann ich nichts falsch machen. Und jetzt hängt alles auf einheitlichen Holzbügeln. Na ja fast. Ein paar muss ich noch wechseln. Bügel sind meine neuen Teelichter. Wenn es zu meinem Lieblingsmöbelhaus geht, dann kommen Bügel mit zu mir. Sie kommen einfach, sie ziehen mich magisch an. Sie landen sofort in meiner gelben Tasche. Da ich noch welche haben wollte, besser gesagt, weil ich noch welche brauchte, gab es gestern Abend einen Ausflug.

Was ich dabei aber vergessen habe. Es hatte sich Besuch angesagt. Ich war nicht da. Ärgerlich. Irgendwie bin ich vergesslicher geworden. Altere ich jetzt künstlich? Oh nein. Das wäre ziemlich doooooof. So doooof. Toll war aber, dass wir auf der Rückfahrt den Weihnachtsmann gesehen haben.

Dann war ja noch das Mittagessen. Das große kleine Kind hatte kein Training und war ziemlich zeitig zu Hause. Das erste »Na was machen wir zu Mittag.«. Ich: »Keine Idee. Wir haben noch rote Beete.«. Er: »Was brauchen wir noch für Burger?«

Wir hatten unser neues Lieblingsessen. Rote Beete Burger.

Tag 156

Ich lieg so sehr gemütlich in meinem Bett. Fange an Blog zuschreiben und freue mich noch über meinen aufgeräumten Schrank. Überlege, ob ich noch mal einschlafen möchte. Da klopft es an meiner Tür. Meine Tür ist wegen der Katzen geschlossen.

Jedenfalls klopft es. Das kleine große Kind steht vor der Tür. »Kannst du mich fahren?«. Ja klar kann ich. Total gern. Das sind sie, die Minuten mit den Kindern. Dann noch mal hinlegen? Ach nein. Gefrühstückt, geschrieben und dann. Ist mir meine Wäschetruhe eingefallen. Bettwäsche aus gefühlten zwanzig Jahren befindet sich darin. Ich habe sortiert und aussortiert. Nun ist wieder Platz für Neue. Natürlich kaufe ich keine Neuen. Wirklich nicht. Wir haben genug.

Dann ein kleines Päuschen, das Strickzeug in die Hand. Es fehlt wirklich nicht mehr viel, bis das Rückenteil fertig ist. Eine Stunde spazieren gehen, das muss sein. Danach habe ich die Weihnachtskalender befüllt und hübsche Plätze im Haus gesucht. Es sieht noch weihnachtlicher aus. Ich finde ja, dass Weihnachten, anders als Ostern, ein Fest ist, welches sich aufbaut. So Stück für Stück. Wir fangen an mit den Adventskränzen. Suchen dazu grün und beginnen das Haus zu schmücken. Jeden Tag kommt eine Kleinigkeit hinzu. Der Höhepunkt ist dann der 24. 12., der Tag, an dem dann alles funkelt und strahlt. Ich freue mich sehr, dass ich diese besinnliche Zeit einfach gut genießen kann. Auch wenn es, wenn ich nicht mehr so fit bin oder besser immer unfitter werde. Das wird wieder kommen. Ganz sicher.

Und dann kam die Nacht. Ich schlief großartig. Bis, ja bis mein Wecker klingelte. Mein wunderbares kleines großes Kind ist vom Zug abzuholen. Einen Liebesdienst am Kind. Gut, dass ich diese Dienste immer mal wieder leisten kann. Besonders hat den Tag gestern gemacht, dass plötzlich überall in den sozialen Netzwerken rote Herzen gegen den

Brustkrebs auftauchten. Um kurz danach Warnungen zu bekommen, dass es ein Fake ist und wir, die wir das Bild nutzen abgemahnt werden. Ich fand das Herz toll. Abmahnung, oder die Aussicht darauf weniger.

Aber ich habe ein eigenes rotes Herz, das soll nun dazu dienen, daran zu erinnern.

Tag 157

Mittwoch. Chemotag. Mittwoch. Chemo. Nun schon Nummer fünf von zwölf.

Die Zeit renn und rennt. Die Blutabgabe ist in Ordnung. Bei der Schwester ist alles in Ordnung, die Blutwerte in Ordnung. Neros oder Neutros sind in Ordnung (2,6). Die Schwester und ich haben uns gefreut. Die Ärztin, die Ärztin? Wo ist die Ärztin? (Mir fiel eben ein »how the fuck is Alice?«). Die Ärztin fehlte. »Sie kommt heute etwas später.« In dem Moment, wenn die Ärztin nicht da ist, funktioniert das ganze System nicht mehr. Deshalb dürfte eine Assistenzärztin ran. Assistenz bedeutet, jede Akte anschauen, genau anschauen und bei der Schwester nachfragen. Und wir als Patientinnen sind gefordert, in dieser Situation. Achtung aufpassen, dass alles mitkommt, was für die weiteren Gänge mit muss. Der neue Blutzettel für nächste Woche und vor allem der Laufzettel für das Anstechen des Portes und den Chemosaal. Ich hab ja aufgepasst und hatte die Papiere vollständig. Über Anstechen des Portes im Chemosaal angekommen. Das Gift war noch nicht da.

»Nehmen sie doch bitte draußen einen Moment Platz Frau Berger.« Ich sitze gerade gemütlich, gefreut, einen Platz mit gutem W-Lan empfang gefunden zu haben. Kommt die Schwester auf mich zu. »Ach ich hab mir das anders überlegt, wir fangen mit den Beimedikamenten an. Bis die durch sind, sollten die Anderen da sein.«

Ich »Und wenn nicht?« Die Schwester »Denn ham wa Pech jehabt.« Dit is Berlin.

Wir hatten kein Pech. Alles lief prima, auch prima durch. Die Ärztin war inzwischen angekommen, hat dann bei mir vorgesprochen (hört sich komisch an, ist aber so). Und ich hatte dann doch tatsächlich noch eine Frage, zum Thema Herzecho. Das kommt im Rahmen der Vorbereitung auf die Operation. Es ist alles im grünen Bereich. Die Beimedikamente, das sind die Medikamente, die dafür sorgen, dass die Chemo erträglich bleibt, sind durchgelaufen und nun können die neuen Putzkolonnen eingeschossen werden. Sie können sofort anfangen zu arbeiten. Sie machen ihren Job und ich schlief sofort ein. War beim Aufwachen verwirrt, weil ich mich in der Zeit verrechnet hatte. Ein Chemotag eben. Dann war da noch das abholen, es war nicht möglich, Kontakt aus dem Chemosaal aufzunehmen. Somit hatte ich zum Abholen etwas Wartezeit. Konnte in der Zeit ein Wettrennen um eine freie Wartebank beobachten. Eine schlanke Dame hatte diese Bank ins Auge gefasst. Eine Dame mit Gehstock kam von der anderen Seite und saß. Die schlanke Dame schaute sich um, zuckte die Schultern, verzog das Gesicht und ging weiter. Es sah lustig aus. Ich hab nicht gelacht, wirklich nicht. Na gut ein bisschen Vielleicht. Hinter mir hustete ein Herr. Unangenehm. Ich bin dann sicherheitshalber raus aus dem Wartebereich gegangen. Da war sie schon. Mein wunderbares großes Kleines Kind. Rein ins Auto und ab nach Hause. Zur Kartoffelsuppe, die wartete schon auf mich.

Der Nachmittag war dann ruhig, ich war ruhig. Hatte aber immer wieder Hunger. Das ist nichts Neues. Auf den sozialen Medien habe ich eine Frau gefunden, welche ebenso wie ich gegen das kleine böse Biest ankämpft und auch ein offenes Tagebuch schreibt. Ihre Beschreibungen sind meinen ähnlich. Ein Kampf, der bei uns Betroffenen, bei jeder ähnlich verläuft und doch so individuell ist. Der Abend verlief ruhig. Es gab noch mal Kartoffelsuppe.

Und dann ging ich ins Bett. Und neben meinem Bett stand ein Geschenk. Aber das ist eine neue Geschichte.

Tag 158

Das Geschenk. Ein Weihnachtskalender von den in diesem Jahr vier Kindern. Erst hatte ich eins, dann zwei, vor sechs Jahren kam dann Nummer drei in mein Herz und in diesem Jahr hat sich ganz schnell Nummer vier in mein Herz geschmuggelt. Es ist so schön zu beobachten, wie die Familie größer wird, und die Kinder es auch leben. Es war ein Weihnachtskalender, eingepackt und mit einem Klebezettelbrief versehen. Das Pralinéchen hinter der ersten Tür war ausgesprochen lecker. Ja so eine Freude am Morgen macht Spaß und motiviert für den Tag. Die Motivation war dann total zum Wandern da. Zehn Kilometer sollten doch zu schaffen sein. Sicher. Ein Blick aus dem Fenster und festgestellt, zehn Kilometer am See durch den Wald geht gar nicht. Es ist sehr ungemütlich. Planänderung. Ab an unseren See vom Sommer. Dann dort »wandern«.

Gesagt getan, ab ins Auto. Es war kalt, es war nass, es war oll. Mutig sind wir trotzdem losgefahren. Und auch ausgestiegen. Runter zum See. Ein wunderbares Gefühl durchströmte mich, aber es war trotzdem kalt. Diese Kälte, die in die Knochen kriecht, diese Kälte, bei der man den Weg, den sie im Körper zurücklegt, noch Stunden später nachvollziehen kann. Ein paar Schritte am See, ein Stück im Wald. Das war's, mehr ging nicht. Nun stand die Frage im Raum, besser im Wald, was anfangen mit dem angebrochenen Tag? Wenn wir schon mal unterwegs sind. Kurz und gut, wir machten einen Besuch.

Es war lustig, es war heimelig. Es gab neue Geschichten. Diesmal aus dem Leben einer Reiseleiterin. So zum Beispiel die Geschichte eines Paares im Ruhestand. Sie ehemalige Bedienstete in einem Gefängnis. Er relativ entspannt. Sie sehr dominant und schwierig. Er hört auf sie. Sie hatten einen besonderen, sehr eigenen Umgang miteinander.

So kam er zum Beispiel nur ins Zimmer, wenn er in einem besonderen Rhythmus an der Tür klopfte. Klopf, Klopfklopf, klopf. Die Tür ging auf, sie schaut ihn an und sagt. Parole! Er:»Mau« Sie:»Komm rein.« Jetzt habe ich das Kopfkino ausgeschaltet. Der Besuch war schön, ich wurde müde. Ab nach Hause. Es gab Mittag. Wirklich und wenig überraschend, Kartoffelsuppe. Seid Wochen, ein Schläfchen. Die Putzkolonne wütet weiter. Besonders in den Füßen. Auch in den Händen. Also wieder ein paar Reihen gestrickt. Hatte ich schon erwähnt, dass ich nur rechte Maschen stricke? Linke kann ich auch, aber das war es dann. Mehr leider nicht. Kein Zopfmuster. Kein Perlmuster. Wobei, das müsste ich hinbekommen. Auch keine Socken oder Mützen. Aber rechte und linke Maschen. Damit komme ich auch zum Ziel. Stricken hat, neben den Fingerübungen, etwas Meditatives. Genau wie schnippeln. Gemüseschnippeln. Das erwähne ich, weil ich gestern (Tara) einen Kochkurs gewinnen konnte. Ich Berichte dann, wenn er stattgefunden hat. Abends, nach einem kleinen Ausflug in die große Stadt, ein Blick aus dem Fenster. Oh jeh. Der Pavillon ist umgestürzt. Das ist die nächste Geschichte.

Tag 159

Der Pavillon, er löste einen Lagerkoller aus. Ich kann es heute nicht mehr nachvollziehen, aber meine Laune war auf einem Tiefpunkt, wie ich seid dem Sommer nicht hatte. Unverständlich. Es war schwer, klar zu denken. Ich wollte nur maulen, meckern, zanken. Ich hoffe, das war's dann aber auch, so wie es da war, war es auch wieder weg. Mir war richtig schlecht. So eine böse Wut, ich will das nicht. Na ja, jedenfalls ist der Pavillon nun auseinandergenommen und im Schuppen verstaut. Wir werden im Frühjahr sehen, welchen Schaden er genommen hat. In der Zwischenzeit sind die Sessel, auf die ich schon soooooo lange gewartet habe angeliefert worden. Sie sind auch in echt so gemütlich, wie ich es mir vorgestellt habe. In den Ohrensessel kann ich mich richtig einkuscheln. Mein gemütlicher Kuschelsessel. Nur ist es wieder etwas enger in unserem Raum und es stellt sich die Frage, wohin mit dem Weihnachtsbaum? Gestern war auch ein Tag, an dem die Zeit gerannt ist. Sie war weg. Und ich musste hetzen, um meine Verabredungen einhalten zu können. Fußpflege. Perfekt wie immer. Mit tollem Gespräch und einem großen Wohlfühlfaktor. Nur, dass ich noch immer kribbelig war und dabei die Kaffeetasse abgeschossen habe. Der Kaffee ergoss sich über den Tisch. Tangierte mein Handy und tropfte langsam auf den Fußboden. Tropfen für Tropfen. Ich war im ersten Moment überfordert. Von dort aus zum »Wandern«. Knapp acht Kilometer. n den Liebnitzsee, dieser wunderbare See mitten im Wald. Es gab eine Einladung zu dem Spaziergang. Laufen plaudern. Durch den Wald und am Wasser lang. Einfach schön. Als Überraschung noch eine kleine Kaffeerunde und schon war der Tag fast vorbei. Mein großes Mädchen und ich holten das andere Kind vom Training ab und, ich traue mich gar nicht, zu schreiben, Döner zum Abendbrot. Für die Energiebilanz ist es ok. Nicht aber für den Nachtschlaf. Das mache ich nie wieder. Sicher.

Tag 160

Der Tag. Es war ein Tag, keiner von den Guten. Vielleicht hätte es ja ein guter Tag werden können, sofern ich etwas dafür getan hätte. Hab ich aber nicht. Brauchte ich auch nicht, weil ich auf niemanden Rücksicht nehmen musste. Es war ein Tag, an dem ich überwiegend allein war. Das kleine große Kind flog als erstes aus. Dann das große kleine Kind, ein Basketballspiel in Halle. Sieg für sein Team und Freude für Mutti. Ja also ich war überwiegend allein. Bin sozusagen mit meinem neuen Sessel zusammen gewachsen. Konnte meine Wehwehchen pflegen. Die waren da. Schwach und schmerzhaft. So muss es Rheumapatienten gehen. Es zog die Beine runter. So etwa wie Wachstumsschmerzen in meiner Kindheit. Nicht gut. Hände und Füße. Sie sind da, sehen nicht geschwollen aus, wirken aber so. Na ja und mein Bauch. Dazu schreibe ich nichts weiter. Es war eben kein guter Tag. Aber mein Sessel und ich, wir sind jetzt ein Top Team. Etwas habe ich doch gemacht und das ziemlich gut. Ich hab etwas gekocht. Ein Bund Suppengrün, zwei Zwiebeln, ein Päckchen Pilze und eine Tüte Milchreis mit Delikatessbrühe zusammen

Gekocht. Superlecker, vegan und gesund. Es gab aber einen Vorteil den anderen Tagen gegenüber. Mein Nachtschlaf war ziemlich gut. Noch nicht perfekt. Aber gut. Und beim Aufwachen. Ich hab wieder was vergessen. Das muss ich unbedingt nachholen.

Tag 161

Weihnachtszeit. Voller Heimlichkeit und Gemütlichkeit. In schönen Räumen, in tolles warmes weiches Licht getaucht. Kerzenlicht. Warm, flackernd, die einfache Schönheit. So war er, mein Nachmittag, mein später Nachmittag und der Abend am Ofen. Tee mit Milch, Obst. (Plätzchen sind alle). Ohne Stricken im Sessel, dafür mit weiter kribbelnden Händen und Füßen und schmerzenden Beinen. Ziemlich platt. Geheime Tätigkeiten am Vormittag. Der Vormittag fing am frühen, für Sonntag, sehr frühen Morgen an. Aufstehen, anziehen, Sportlernahrung (Ravioli mit Tomaten/ Fetasoße) Kohlenhydrate und Eiweiß hergestellt.

Das kleine große Kind zum Treffpunkt in die große weite Stadt gefahren. Auf die Minute pünktlich. Sonntagsspiel in Bremerhaven. Zurück in meine kleine verschlafene Stadt. Zum geheimnisvollen Vormittag. Ok, von meiner Frühstückseinladung kann ich berichten. Brötchen, Käse, Ei, Kaffee. Musik und Gespräch.

Dann die geheimnisvolle Tätigkeit. Mittagseinladung. Es gab Kartoffeln, Mischgemüse, Sellerieschnitzel und Soße. Lecker wars. Weitere Heimlichkeit. Die Heimlichkeit mhm. Ich habe mit den Händen gearbeitet. Nur leider wurde ich müde. Ab nach Hause. Meinen zweiten Advent feiern. Feiern mit dem Sessel.

Tag 162

Das mit dem Bäume ausreißen, ist so eine Sache, mit den Sträuchern auch. Aber an Grashalmen ziehen. Das geht gut. Kraft ist wenig da. Ich merke es vermehrt. Sei es der Teebecher, der nicht aufzudrehen geht. Die Salzmühle, aber auch das zupacken, um etwas zu tragen. Es rutscht mir aus den Händen. Und dabei kribbeln sie, die Hände und Füße. Irgendwie kommen sie nicht mehr zur Ruhe. Es dauerte etwas, in den Tag zu starten. Das kleine große Kind konnte ausschlafen und ich wollte ihn zur Bahn fahren. Tat ich dann auch. Die Straßen waren voll, drei Anläufe, um über die Ampel zu kommen. Die Zeit wurde eng. Wir hatten in der Planung vergessen, dass das Auto zugefroren war. Im Teamwork, mit ein paar Schweißperlen haben wir es dann geschafft. Am Bahnhof angekommen, das Kind sprintet zum Zug. Ich fahre weiter. Als ich aufs Handy schaute die Nachricht: Der Zug fällt aus. Wozu die Hektik? Einkaufen, eine liebevolle Bekannte getroffen. Es macht immer Freude. An der Kasse stand sie vor mir. Das Kassenband funktionierte nicht. Die Kassiererin zu mir. »schiem se enfach allet vor«. Die Dame hinter mir verdrehte schon die Augen. Und ich, ich konnte nicht schieben. Die Kraft reichte nicht aus. Die Dame hinter mir verzog ihr Gesicht noch mehr. Ich habe mich nicht geärgert. Zumindest habe ich es nicht gezeigt. Als ich nach Hause kam, war Ausruhen, ausruhen. Da bin ich doch glatt eingeschlafen. Im Ohrensessel, wenn ich den nicht hätte. Mütze auf, ein Gang durch den Garten, es war noch immer Raureif auf den Pflanzen. Fotos gemacht. Schön sieht er schon aus, der Winter.

Der Tag war noch immer nicht zu Ende, noch einen Spaziergang in die Stadt. Nikolaus-Geschenke besorgen. Was er gebracht hat, der Nikolaus, das weiß ich nicht.

Ein lieber Besuch mit einem tollen Gespräch rundete den Tag ab. Das Abendessen, ein Kartoffelgulasch. Deftig. Vegetarisch. Lecker.

Tag 163

Bella, die Perücke, und ich hatten einen Ausflug. Davon später. Der Tag begann mit spiegelglatten Straßen und einer Verkehrswarnung. Das war zum Nachteil meines kleinen großen Kindes. Er musste zur Bahn laufen. Eher sprinten. Ich bereitete den Frühstückstisch vor und, jaaaa Frühstücksbesuch, wie schön.

Später dann Hausarbeit, mir ist unklar, wie ich das früher, als ich nicht die ganze Zeit zuhause war, geschafft habe. Ich muss mich ausruhen.

Und dann machten Bella und ich den Ausflug. Ich hab lange überlegt, ob Bella mitdarf. Entscheidend war dann, dass ich im öffentlichen Raum unterwegs war. Menschen treffen sollte und wollte, die ich nicht kannte, die mich nicht kannten.

Ich habe, Hurra, Hurra, es geschafft zum Kochkurs bei »Der Kochschule Berlin« zu besuchen. Das Thema: vegetarisch. »Genussvoll Vegetarisch« Mein Thema und deshalb durfte Bella mit, um die Leute nicht zu erschrecken. Bella hat sich auch wirklich gut benommen. Also ziemlich gut, sie juckte nicht, rutschte nur ein bisschen. Das liegt bestimmt an den Babyhaaren, die nun so langsam wachsen, und sie war auch nicht wärmer als eine Mütze.

Ich fand mich komisch. Als ich im Sommer die Haare abschneiden lies, hätte ich mir nicht vorstellen können, dass ich ohne Kopfbedeckung durch die Gegend laufe. Jetzt sind die Haare so, dass ich es mir vorstellen kann, sie immer kurz zu tragen. So verändert sich der Blick auf die Dinge.

Zurück zum Kochkurs. Acht waren angemeldet, vier sind erschienen. Schade. Wir vier, zwei Psychologen, eine Soziologin und ich. Man beachte die Zusammensetzung. Vor allem und ich, hatten einen tollen Abend. Die drei anderen, schon von Berufswegen kommunikativ, und ich entwickelten uns schnell zu einem Team. Wir arbeiteten unter Anleitung des Kochs Hand in Hand an den einzelnen Stationen. Es gab vier

Gänge. Alle vegetarisch. Gang 1 Salat im Käsekorb. Gang 2 ein belegter Fladen mit (Achtung) pochiertem Ei, Gang 3 Gemüsenudeln mit einem Pilz, Zwiebel, Mangold, Sahne und Cranberrygemisch. Gang 4 Kuchen mit Mandeln, Orangenfilets und Orangensirup. Dazu Sahne mit Vanille und Lebkuchengewürz. Es war gut und reichlich. Ich musste alles kosten. Kosten bedeutet Teller aufessen. Ich bin noch satt und konnte (natürlich) mal wieder nicht schlafen. Die Gespräche drehten sich vorrangig ums Essen und ums Gewinnen. Ich hatte wirklich Spaß. Die Essenplanung für heilig Abend steht. Es war mein Essen. Bis auf, und das finde ich richtig komisch, Walnüsse, meine Lieblingsnüsse. Die gingen gar nicht, ich hab sie aussortiert. Leider gab es keine Schürze und auch kein Zertifikat, wem kann ich jetzt zeigen, dass ich es kochen kann, das Menü. Aber, schön war, dass es noch ein Stück Kuchen zum Mitnehmen gab. Wie bin ich denn dort hingekommen, zu dem Kurs? Mit dem Auto, die Fahrt war ok. Der Kurs fand im Steigenbergerhotel hinter dem Kurfürstendamm statt. Da ist weihnachtliche Bespaßung. Demzufolge gab es keine Parkplätze. Wirklich keine. Als ich einen entdeckt hatte, machte mir die Vorfahrt einen Strich durch die Rechnung. Ich war zweiter Sieger, also zielsicher in das nächste Parkhaus. Das Teuerste am Platz. Es war ok, da der Kurs selbst ein Gewinn war. Ins Hotel und in der Drehtür fast stecken geblieben da es Leute gibt, die da glauben, man kommt nie mehr in das Haus, wenn man sich nicht in den letzten Spalt rein drängelt. Nie mehr, niemals mehr. Ich hab die Augen verdreht, aber nur ein bisschen. Ok, es war nur für mich und mir ging es gleich besser. Nach dem Kurs ging ich alleine ins Parkhaus. Etwas gruselig war es schon. Über Hauptbahnhof, um mein großes kleines Kind einzusammeln, ging es nach Hause. Und dort lag ein Brief von meinem Arbeitgeber.

Tag 164

Der Brief von meinem Arbeitgeber. Er hat Interesse an mir und bittet darum, mitzuteilen, wann ich voraussichtlich wieder kommen werde. Mein Tag begann dann mit einem Telefonat. Ein Telefonat, bevor ich in die Klinik fuhr, besser gefahren wurde. Es dauerte ziemlich lange. Ich hatte es mir gegönnt, jeden Schritt im Heilungsverlauf zu erläutern, und habe mir vorgestellt, wie meiner Gesprächspartnerin die Kinnlade runterklappen würde. Wenn das jemand mit mir machen würde, dann wäre es zumindest so. Ich glaube, ich war etwas (hier gehört ein nicht kinderfreies Wort hin).

Das war dann, wie schon beschrieben, Thema im Arztgespräch. Es ist so, meine Heilung läuft nach Plan und dauert ein Jahr. Es sind festgelegte Standards, die angewendet werden. Artzgespräch bedeutet, es ist wieder Mittwoch. Durch das Telefonat am Morgen ging mein Zeitplan nicht mehr auf. Ich musste wieder etwas hetzen. Nein nicht hetzen, aber mich schon etwas beeilen. Mein großes kleines Kind hat wieder den Fahrdienst übernommen. Sie bleibt dann immer noch etwas mit da. Es ging mit den Blutwerten los. Sie waren wieder ok. Dann im Wartebereich, der ziemlich voll war, habe ich beim Platzwechsel mein Handy liegen lassen. Schnappatmung als ich es merkte. Blutdruck ging hoch. Die Ruhe, die mich beim Blick auf den Weihnachtsbaum überfiel, war weg. Weihnachtsbaum. Er hatte eine sehr innovative Kugelhalterung. Mir als Büromensch hat diese super gefallen. Die Kugeln wurden mit Büroklammern befestigt. Ja und dann bei der Schwester. Blutdruck war das erste Mal bei weit unter hundert in beiden Werten. Die Schwester »Na, Sie schlafen ja noch«. Ich »eher nicht. bei den Werten müsste ich tot sein. Das kann nicht stimmen.« Die Schwester »Das stimmt, das stimmt, das Gerät ist geeicht«. Lächelt dabei, die Krankenschwester im Brustzentrum, ich lächel zurück und sage » es kann nicht stimmen.«. »Na gut, dann messen wir noch mal«. Na, wer hatte recht?

Dann war da noch die fehlende Blutabgabe für die Leberwerte beim letzten Mal. Warum ich das nicht gemacht hätte? Ich hatte es nicht geschnallt. Ich vermute, es wurde vergessen zu sagen, denn es ging mehreren Mitpatientinnen so. Danach hatte ich den turnusmäßigen Ultraschall, der Tumor ist noch immer verschwunden. Diese Untersuchung gehört zum Standard und wird in regelmäßigen Abständen gemacht. Das nächste Mal zum Abschluss der Chemo. Es sind noch fünf Chemos, die ich bekommen werde. Wir, die Ärztin und ich, sehen Licht am Horizont. Ab 21.12. kann ich rückwärts zählen. Ich wollte ja am 26.12. Bergfest feiern. Bei dem Termin bleibe ich auch. Ich wünsche mir sehr, dass meine Familie mit mir feiert. Aber das nur am Rande. Mein Kribbeln in den Händen und Füßen hat eine neue Qualität angenommen. Nicht mehr kribbeln. Aber auch nicht taub. Irgendwie komisch dagegen habe ich Vitamin B6 und B12 bekommen. Mal sehen, wie das Wirken wird. Dann hab ich der Ärztin noch mal das Thema Arbeiten gehen besprochen. Ihre Antwort: während der Chemotherapie und der Bestrahlung definitiv nicht. Es liegt an der Infektionsgefahr. Das mit der Bestrahlung wird in der Operation entschieden, also ob schon während der OP bestrahlt wird. Das wäre ein großer Vorteil, denn dadurch würde sich die gesamte Bestrahlung verkürzen. Die Ärztin sagt, es könnte klappen. Sehr schön. Der Zugang für den Schlauch, durch den gleich das Gift fließen wird, wurde gelegt. Dort habe ich mich mit einer sehr netten Dame unterhalten. Wir kamen ins Gespräch, weil neben uns ein Paar saß, er 1937 geboren. Sie jünger. Sie unterhielt ihn laut mit Fragen aus dem Quizduell. Die Dame neben mir wusste die Antworten, ich wollte sie mir merken. Hab ich nicht. Konnte ich nicht. Mein Gehirn hat etwas von einem Nirwana, alles verschindet irgendwo im Nirgendwo. Im Chemoraum nur zwei Schwestern und wieder sehr viele Patienten. Mein Gift war schon da aber ich musste warten, es gab noch keinen Platz. Das war die Gelegenheit zur Apotheke zu gehen. Vitamine und auch das

Schlaftablettenrezept eingelöst. Als ich dann im Saal an den Tropf gehängt wurde, tropfte es wieder nicht. Alle nach mir Angehängten konnten mich überholen. Die Schwester meinte, »da ist kein Stempel auf dem Zettel« Ich: »Soll ich da was raufstempeln?« Sie »Ja«. Ich »Was soll ich Raufstempeln?« Sie »Nein die Ärztin, soll was Stempeln«. Die Auflösung, wenn ich einen Stempel habe, dann kann das Eintröpfeln elektrische Unterstützung bekommen und dann geht es einfach schneller. Ich hoffe, ich merke es mir, das mit dem Stempel. Irgendwann ging es dann los. Auf einem Stuhl lag ein Mann, die Schwestern wussten nicht warum. Ich konnte auch nicht helfen (der Mann hatte einen Migrationshintergrund). Irgendwann kam dann ein Arzt (mit der Stimme eines, meiner Kollegen. Was es nicht alles gibt.) und besprach mit dem Herrn die Diagnose und was, wie gemacht wird, inklusive der Bettenbelegung in, nein auf zwei Stationen. Gut gemacht, ich weiß Bescheid, die Schwestern wissen Bescheid, alle anderen im Raum wissen Bescheid und ihr nun auch. Mein Schläfchen durfte während des Tröpfelns nicht fehlen und so richtig wach, wurde ich dann den ganzen Tag nicht mehr. Als ich auf meine Abholung nach Hause wartete, traf ich die Dame wieder, wir werteten die Diagnose aus. Sprachen noch mal über das Quizduell und dann erzählte sie mir, dass Sie durchschnittlich anderthalb Stunden wartet, um abgeholt zu werden. Ihr Sohn kann sie nicht holen, er hätte seinen Chef gefragt. Aber der Chef meinte, er sollte sich überlegen, ob ihm seine Mutter oder der Job wichtiger ist. Sie war ganz traurig. Ich finde es von dem Chef nicht toll.

Meine Abholung durch das große kleine Kind klappte verlässlich. Zuhause erst eine Linsensuppe und dann aufs Tagesbett. Den Nachmittag habe ich ziemlich verschlafen.

Kaum Zeit gehabt für den lieben Freund meiner Tochter, er ist gerade zu Besuch, ich glaube, das hatte ich noch gar nicht erwähnt. Aber, wir konnten kurz über die Weihnachtszeit reden. Als Abendessen gab es indisch, abgeholt im Restaurant. Und dann? Dann war ich wach. Richtig wach.

Tag 165

Donnerstag. Ein Termin. TÜV für das Auto ist auch mal notwendig. Sagt der Staat. Ich selber könnte über solche Dinge hinwegsehen, aber ich darf nicht. Der TÜV ist notwendig, wir haben den TÜV verpflichtend für Autos. Aber nicht für Menschen, Würde es einen verpflichtenden »Reihen TÜV« für Menschen geben, könnte manches, nein vieles im Vorfeld aufgedeckt werden und für Heilung auch eher angegangen werden. Aber will man das? Wollen wir vielleicht doch lieber unsere vermeintlich gesunde Zeit unbeschwert genießen? Ich vermute zweitens und unsere Verschwörungstheorien halten uns ja auch davon ab. Na jedenfalls hatte das Auto TÜV Termin. Ich fahre es hin und der Mechaniker oder Verkäufer meinte, es dauert jetzt 1,5 Stunden. Ich ruf sie an, wenn das Auto fertig ist. So hatte ich mir das nicht vorgestellt, wirklich nicht. In meiner Vorstellung warte ich in der Werkstatt ca. 30 Minuten, bekomme einen Kaffee und fahre dann wieder los. Falsche Vorstellung, also kam ich in den Genuss, wirklich in den Genuss eines zirka drei Kilometer langen Spazierganges durch die Stadt am Vormittag. Ich weiß nicht, wann ich das letzte Mal bewusst gemacht habe. In der Stadt wurde der Weihnachtsmarkt aufgebaut. Eifrige Händler verkauften bereits ihre Waren. Im Augenwinkel sah ich das Wort »Lungwurst«. Lungwurst, das war die Lieblingswurst des großen kleinen Kindes. Zwei Ringe durften mit. Beim Lieblingsbäcker Brötchen für Sonnabend bestellt. Ich wusste gar nicht, dass das geht. Splitterbrötchen sind gesichert. Und dann ab nach Hause, Ausruhen und dann die Strecke zurück. Auto geholt und den Baumarkt gerockt. Mehr ist nicht passiert. Es ging auch nicht mehr. Meine Füße. Ich will nicht jammern, aber es ist, als wenn die Vitamine B6 und B12 alles anfeuern. Es kribbelt, als wenn ich in einen Ameisenhaufen gegangen bin und er nie wieder von mir abfällt. Nie wieder.

Tag 166

Da war er wieder, der Freitag. Kein Freutag. Die Nebenwirkungen waren da. sind da, Störungen in der Motorik. , Schmerzen in den Beinen und das kribbeln. Verstärkt durch die Einnahme von B6 und B12, was aber wiederum wichtig ist, um Taubheit in Händen und Füßen vorzubeugen. Irre, eins geht weg, anderes kommt hinzu

Ja, gestern war nun der »olle« Freitag. Eine Freundin kam zum Frühstück (Hatte ich schon erwähnt, wie sehr ich diese Frühstücksverabredungen liebe?). Zwangloses plaudern, leckeres Essen und man hat alle Zeit der Welt.

Nur ist gestern etwas passiert, was sich schon letzte Woche andeutete und sich nun fortgesetzt hat. Diesen Freitag waren es gleich zwei. Ja richtig, zwei Kaffeetassen umgeworfen. Das Tischtuch schwamm im Kaffe. Egal, das lernt mich, mach die Tasse nur halb voll wie früher, bei den Kindern, als sie trinken aus der Tasse übten. Ich sag nur Erziehungszeit. Und ein Glas weniger gibt es nun auch. Nach dem Frühstück einen kleinen Spaziergang, durch die Siedlung. Wieder zuhause angekommen, war ich platt. Es dauerte bis zum späten Nachmittag. Aber dann, pure Gemütlichkeit, so richtige Gemütlichkeit. Lichterketten funkeln, Kerzen leuchten und ich fühle mich wohl.

Zum Abend habe ich dann asiatisch. Gekocht im Wok. Essen mit Erdnusssoße. Den Kindern hat es geschmeckt.

Tag 167

Der Sonnabend war ein verlängerter Freitag. Mir ist, als hätte ich am Mittwoch anderes, stärkeres Gift bekommen. Die Putzkolonne tobt sich weiterhin, nein, nicht weiterhin, sondern wieder aus. Ich glaube ja, die feiern in mir Weihnachtsfeier. Mit Alkohol, mit viel Alkohol und dem einen oder anderen Tütchen. Also, sie feierten. Mich kostete diese Feierei in mir Kraft. So richtig Viel. Mein Sessel und ich sind ineinander verschmolzen, ziemlich fest verschmolzen. Die Decke hat dann auch noch mitgemacht, beim Verschmelzen. Sessel, Decke und ich, eine Einheit. Schade, keine frische Luft, nur etwas. Gemütlichkeit. Am späten Nachmittag dann kreativ. Nein, nicht gebacken. Obwohl ich es wollte. Aber dazu fehlte die Zeit und eigentlich doch die Lust. Ich habe kreatives Abendbrot vorbereitet. Tappas. Liebe Freunde waren zu Besuch. Sie hatten die Berliner Weihnachtsmärkte gerockt. Ohne mich. Aber abends sorgten sie für nette Unterhaltung.

Überraschenderweise war mein Nachtschlaf gut.

Die Putzkolonne musste sich auch ausruhen.

Tag 168

Beim Aufstehen dachte ich, es wird wieder ein Freitag. Es war, mir war noch immer nicht ok. Am liebsten hätte ich mich verkrochen, kuschlig angezogen, mit dicken Socken und einer Tasse Tee. Wohin? Natürlich in meinen Sessel mit Decke.

Ging nur nicht. Also, was konnte ich tun, um in Tritt zu kommen? Ein Käffchen, etwas Bewegung und noch etwas Ruhe. Auf einmal ging es. Es schien, als wenn die Putzkolonne nach fast 48 Stunden durch war, durch ist. Alles sauber. Anstrengend. In den Momenten sind die Worte von meinem Arzt. »Und denken Sie daran, jeder Tropfen Gift, der in Ihren Körper tropft, ist ein Tropfen für ihr Leben.« in mir. Ich halte das aus. Es tut mir gut. Ja und mittags war ich wirklich wieder ok. Also so ok, dass ich mein großes kleines Kind vom Flughafen abholen konnte. Berlin-Schönefeld etwas zu früh oder der Flug war zu spät. Jedenfalls war es schwierig, ein Warteplätzchen zu finden. Irgendwann kam sie dann an. Fröhlich, strahlend. Sie hatte eine gute Zeit. Die Fahrt ging quer durch die ganze Stadt, durch Treptow, an der Sternwarte und am Ehrenmal vorbei, an der Oberbaumbrücke und der Mercedes Benz-Arena vorbei. Durch die Frankfurter Allee und die Danziger hin zur Max-Schmeling-Halle, um dem kleinen großen Kind beim Spiel zuzuschauen. Leider verloren. Die jungen Spieler sind athletisch, gut ausgebildet, haben eine super Kondition. Aber die Gegner, abgezockt mit Basketballerfahrung von etwa dreißig Jahren, sie hatten konditionelle Schwierigkeiten, die Gegner, konnten ihr Wissen ziemlich gut umsetzen und trafen den Korb. Unsere Jungs weniger. Ein verlorenes Spiel.

Und dann war der Tag schon fast zu Ende. Essen beim Mexikaner, scharf gewürzt. Das mag ich gerade gern.

Montag und eine neue Woche. Wer hat sich eigentlich überlegt, dass montags die Woche beginnt. Es wäre doch schön, wenn sie erst dienstags beginnen würde, das Wochenende hätte drei Tage. Es würde sich richtig lohnen, irgendetwas schönes zu machen, zu verreisen zum Beispiel, mit Freunden oder richtig zu chillen, sich zu erholen, lange Spaziergänge oder dicke Bücher lesen. Ich glaube, so einen Montag kann jeder gut verwerten. Aber genug des Laberns. Der Montag ist kein freier Tag. Na ja bei mir gehört der Montag wie alle anderen Tage zu den freien Tagen.

Das in den Tag starten dauerte wieder etwas länger. Die Knochen schmerzen dauernd. Es ist noch aushaltbar. Nur, es dauert seine Zeit, meine Zeit, ehe es mir gelingt in den Tag zu starten. Irgendwann war es dann so weit, der Tag startete und dann geb es einen Ausflug. Einen Ausflug zum Möbelhändler des, meines Vertrauens. Über die Schule des großen kleinen Kindes, um das selbige abzuholen. Was wollte ich dort? So richtig wusste ich es auch noch nicht. Menschen anschauen. Inspirationen holen. Etwas essen. Am Ende hatte ich von allem etwas. Da es ein Ausflug war, gab es auch Zeit, um die Möbelausstellung anzuschauen. Oh, war ich dort lange nicht. Scheinbar auch andere Leute nicht. Für so einen Montag war es richtig, richtig voll. Die Kinder und ich fanden einen schönen Parkplatz, einen schönen Parkplatz. Drei, nein vier Anläufe und ich stand ziemlich perfekt in der Lücke. Direkt neben den Bio - Weihnachtsbäumen. Bio Weihnachtsbäume? Ich hatte ja die Idee, dass die Bäume von Schulkindern im Bio-Unterricht angepflanzt wurden. Eine andere Familie unterhielt sich auch über die Bäume »Warum sind das Biobäume?« »Weil sie aus dem Bioladen Kommen« Mhm, dazu fällt mir nichts mehr ein.

Ansonsten waren die üblichen Kunden zu sehen. Familien mit Babys, junge Leute. Paare. Mütter mit Töchtern und, was mich sehr irritierte. Alleinstehende ältere Männer, ohne Einkaufszettel. Jedenfalls sind wir durch die Ausstellung. Die Kinder haben Football und Memoire gespielt. Kuscheltiere getestet, wir waren nicht im Restaurant essen. Nein, durch die Markthalle zum Glashaus. Dort dann eine Rast bei Kaffe und Kuchen. Die Einkäufe gezahlt und ab nach Hause. Ich konnte nicht mehr fahren. Zuhause bin ich dann mit dem Sessel und der Decke verschmolzen. So müde. Nicht mehr richtig wach geworden. Irgendwann bin ich dann ins Bett und bin eingeschlafen. Ziemlich gut, fast ohne Unterbrechung bis zum nächsten Morgen.

Die morgendliche Abgeschlagenheit war wieder da.
Es dauerte und dauerte, um in Gang, in Tritt zu kommen. Der
übliche Erholungseffekt ist diesen Chemo-Zyklus nicht
eingetreten. Nun scheint es so weit zu sein. Es wurde so
angekündigt und nun ist es da. Schade, es hätte auch noch
warten können. Aber es zeigt, dass das Gift wirkt. Das ist auch
wieder gut. Vielleicht liegt es aber auch an den Vitaminen B6
und B12 oder daran, dass ich (wegen der B Vitamine) auf meine
Multivitamine verzichte. Ein Thema für das kommende
Arztgespräch. Irgendwann war es dann aber soweit, der Tag
begann auch für mich. Raus an die Luft, in die Stadt über
Bäcker. Zum weihnachtlichen Geheimnis. Das durfte dann, gut
verpackt, mit nach Hause.
Der Weg nach Hause dann über die Bibliothek.
Dort 1,80 Euro gelassen, ich lerne es nie, die Bücher rechtzeitig
abzugeben. Stiefel abholen (die wollten mich anrufen, wenn die
Stiefel fertig sind). Bisher hatte ich keinen Anruf, wobei die
Dame meinte, sie hätten auf meinen Anrufbeantworter
gesprochen. Bis gestern dachte ich, dass ich gar keinen hätte)
Buchladen. Post. Markt. Am Gemüsestand von Frau Schubert
lagen Gemüse, die das Veggieherz strahlen lassen. Butterrüben,
Maniok, schwarzer Rettich, rote Beete, Schwarzwurzeln. Wir
haben uns so gefreut, das zu sehen, das freute auch Frau
Schubert, also freuten wir uns alle. Und dann, über einen
Umweg, einen Spazierweg, nach Hause. Vorbei an
Weihnachtsdekoration in den Vorgärten. Zuhause
angekommen, die Rüben zubereitet. Es war nicht das optimale,
die optimale Zubereitung. Sie waren leicht bitter. Ich sollte noch
mal googeln, wie man diese am optimalsten zubereiten kann.
Am Abend gab es dann Schwarzwurzelsuppe. Die
war richtig lecker, so absolut lecker. Die hat das große kleine
Kind gekocht.

Der Nachtschlaf war ok, mit Unterbrechungen und wir hatten einen Stromausfall. Mitten in der Nacht. Ehrlich, das hat mich nicht gestört.

Tag 171

Da ist er wieder, der Mittwoch. Eigentlich wie immer. Aufstehen. Ins Bad und ab ins Auto. Frühstück vergessen. Egal. Angekommen und gleich rein in die Klinik. Durch zur Blutabgabe. Nein, doch nicht. Jemand rief meinen Namen. Ich schaue, eine Schulkameradin. »Ach, ich habe gerade mit der einen über dich gesprochen.« Ich »Bist du auch bei ihr?« »Ja«. Dann redeten wir etwas. Menno die Dritte, nein die Vierte aus unserem Jahrgang von der ich weiß, dass dieses (Achtung nicht Kinderfrei) Arschloch in Ihr wütet. Was ist das bloß?

Meine Blutwerte waren gut. Leberwerte auch. Dann war da ja das fehlende Frühstück. Gut, dass die Klinik eine so gut sortiere Cafeteria hat. Lachsbrötchen und frische Ananas. Sagenhaft lecker, aber auch sagenhaft teuer. Dafür, für das Geld, hätte ich woanders ein komplettes Frühstück erhalten. Aber lecker war es. Wirklich. Nächstes mal packe ich mir wieder Stullen ein.

Die Besuche bei Schwester und Ärztin gingen sehr schnell. Mein Thema, unser Thema die Vitamine. Ich reichte ihr sicher einen Zettel und sie schaute den Zettel. Schaute mich an. Ich schaute sie an. Sie hielt einen Werbezettel in der Hand. Ich kramte in meinen Täschchen und holte ihn raus. Den Beipackzettel. Ich freute mich, die Ärztin auch. Also, ich kann sie weiter nehmen, die B-Vitamine. Vielleicht geht es mir dann die Woche besser. Ich hoffe es sehr.

Ja und dann zum Anstechen der Leitung, durch die mein Gift in meinen Körper fließen wird. Die Schwester hatte gerade Besuch von einer anderen Schwester. Sie unterhielten sich über Hopfen. Eine Tochter muss wohl eine Facharbeit über

Hopfen schreiben. Das Thema beschäftigte mich mit, ich hatte dann die ganze Zeit im Kopf. Hopfen und Malz. Gott Erhalts.

Ja und bei der Wartezeit auf das Gift traf ich die nette Dame von letzter Woche wieder. Sie hat eine andere Erkrankung als ich. Wahrscheinlich durch Strahlen ausgelöst. Sie würde gern noch fünf Jahre leben. Ihr Sohn hat gerade geheiratet. Sie ist auch sehr eng mit ihm. Auch er hat ihr die Haare weggenommen. Es scheint so ein Mutter-Sohn Ding zu sein. Wobei ich glaube, nein, ich weiß es, dass es meine Tochter auch gemacht hätte.

Ja und dann war das Gift da. Es ist in mich gelaufen. Ohne Probleme. Die Augen fielen zu. Ich erwachte vom Piepen des Gerätes. Alles, was in mich reingehört war drin.

Dann ging es so schnell nach Hause. Zuhause angekommen sofort aufs Sofa. Essen. Schlafen. Essen. Schlafen. Wie immer mittwochs. Dann ging der Heißhunger los.

Es war schlimm. Nicht zu bremsen. Irgendwann bin ich dann ins Bett und konnte relativ gut schlafen. Etwas besser als relativ.

Tag 172

Nächstes Jahr um die Zeit kann ich erzählen. »Ich weiß noch, als ich in der Weihnachtszeit fast den ganzen Tag im Bett lag.« Wenn ich nächstes Jahr wie alle anderen im Weihnachtsstress versinke, wenn ich 37 Termine in der Woche organisieren muss. Ja, so wird es im nächsten Jahr sein. In diesem Jahr, war ich im Bett. Emotional sehr angespannt. Am Nachmittag, ja, es war tatsächlich Nachmittag, als ich aus dem Bett gekrochen bin.

Meine erste Verabredung hatte abgesagt. Erkältung. Kein Wunder bei dem Wetter. Absage dann auch für ein Frühstück. Magen-Darm. Bisher konnte ich sowas alles abwehren. Vielleicht, hoffentlich bleibt es ja so, wäre schon schön. Am späten Nachmittag ein Spaziergang in die Stadt. Rund um die Altstadt. An der Stadtmauer vorbei, nicht vorbei, entlang. An der Sparkasse spielte ein Bläserchor. Weihnachtliche Stimmung kam auf. Ein bestelltes Buch in der Lieblingsbuchhandlung abgeholt. Und dann habe ich mir eine Kugel Eis, Mohneis, gegönnt. Das war lecker. Obwohl, ich hätte vielleicht etwas Marzipan reingedacht, reingemacht. Es war trotzdem lecker. Wirklich Zurück habe ich direkt meinen Abendbesuch mitgebracht. Das große kleine Kind und der Besuch hatten super Rotwein, ich selber Holunderblütenpfefferminztee und tolle Unterhaltung. Es war ein schöner Nachmittag und Abend. Trotz des Kribbeln und kribbeln und kribbeln.

Tag 173

Ein Tag, ein Freitag, an dem nichts passiert ist. Der Plan war, aufstehen, anziehen, Frühstück und dann in den Garten. Harken. Aber es war Freitag und Freitag ist nicht berechenbar. Sessel und ich blieben miteinander verbunden. Eng verbunden. Es war, als wenn Sessel und mein Schlafanzug sich gegenseitig anziehen, sich mögen, ein Paar sind. Könnte passen, beide in Grau. Es war Freitag. Weder Garten, noch Spaziergang, geschweige denn vor die Tür. Kribbeln, Schmerzen in den Beinen und allgemeines Unwohlsein. Freitag eben. So langsam mag ich Freitag nicht mehr, Alle anderen freuen sich auf Freitag. Ich bekomme Bilder, die auf das Wochenende hinweisen, die Freitag huldigen. Ich weiß nur, es wird wieder ein weniger schöner Tag. Schön ist aber der Blick in den Garten. Die illuminierte Leiter auf der Terrasse, der Zaun. Es ist schön, wirklich schön und von Sessel aus zu sehen.

Vielleicht habe ich mich ja nur an der bevorstehenden Gartenarbeit gesträubt. Daran habe ich wenig Spaß. Eigentlich sind wir alle nicht die Gartenfreaks. (Obwohl, das große kleine Kind, vielleicht wird das ja was.) Im Gegensatz zu unseren Nachbarn. Die Gärten der Nachbarn sehen aus, wie aus einem Buch »Wir lieben unseren Garten« Wir lieben unseren Garten auch, aber anders und da mir, uns der Garten nicht so wichtig ist, achten wir auch nicht auf die Dinge, die so am Zaun passieren, ob am Kompost etwas rüber fällt. Wie gesagt, mir ist es egal. Aber dem, unserem Nachbar nicht. Im Frühjahr wird der Kompost umgesetzt. Im Frühjahr.

Jetzt heißt es erst mal Freitag überstehen.

Tag 174

Sonnabend. Er, Freitag war vorbei und, und wirklich mir war ok. Eigentlich sollte es einen Ausflug an das Meer geben. Ostsee ist auch Meer. Den hatte ich aber im Laufe der Woche verzickt. Schade. Also keinen Ausflug ans Meer.

Ein gemeinsames Frühstück mit Freund und kleinem großen Kind. Es gab guten Splitter- und andere Brötchen. Die Splitterbrötchen waren gut. Nach dem Frühstück, chillen und Tagespläne machen. Es gab einen Ausflug. Nicht mehr ans Meer. An die Oder. Genauer nach Schwedt/Oder. Mit Besichtigung des Oderdeltas, unteres Odertal. Über die Brücken, entlang am Naturschutzgebiet. Vorbei an einer Kolonie von Wildgänsen und einem Polizeiauto mit einem Polizisten, der ein Fernglas in der Hand hielt. Was er wohl beobachtet hat?

Hinweis. Er schaute nicht in Richtung Polen. Dann ein paar Kilometer in das polnische Land. Es standen nette Damen am Straßenrand. Denen war bestimmt kalt. In einem Ort wurde das Dach der Kirche gedeckt. Aus meiner Position sah es so steil aus, dass ich dachte, die Dachdecker fallen jeden Moment runter.

Zurück nach Schwedt. Ich war überrascht, dass es eine kleine hübsche Altstadt gibt. Unser Ziel lag nicht in der Altstadt, sondern hinter einem der endlosen Plattenbauten. Eine Turnhalle. Eine Boxhalle. Die deutsche Bundesliga im Boxen hat eine Mannschaft aus, kaum zu glauben, aus Schwedt. Was ich aber nicht feststellen konnte, war, ob Boxer aus Schwedt in Schwedt boxen.

Ich hatte einen Platz in der ersten Reihe, direkt am Ring. Fast schon bei den Trainern auf dem Schoß, aber nur fast. Der Platz rechts und links war frei und das war ziemlich gut so. Hinter mir die Hartcorefans, mit Trommel und Schalmei, das ist das Instrument, welches Udo von Erich bekommen hat. Ich hatte den top Platz, besser geht es nicht. Ging es nicht. Schade, dass ich die Gespräche um mich herum nicht aufgezeichnet habe.

Es war zum Lachen. »Wie lange haben wir noch.« »Fünf Minuten.« »Dann schaffe ich noch mal aufs Klo.« »Ja schaffst und rauchen auch. Zieh dir was an.« »Na musst du deinen Mann wieder einreiben.« »Also gehen wir noch mal rauchen?« So ging es die ganze Zeit. Bis die Fangesänge anfingen, die Trommel und die Schalmei zum Einsatz kamen. Es erinnerte mich etwas an Basketball. Körbe hingen hier auch an den Wänden. Nur gab es keinen Basketball. Die Hardcorefans hatten auch noch einen weiteren Job. Den sieghaften Boxer der Heimmannschaft aus der Halle zu tragen. Ich wünschte mir so sehr, dass der Heimboxer im Superschwergewicht gewinnt. Einhundertzwölf Kilo Lebendgewicht, Superschwergewicht eben. Die Hardcorefans, sie wogen vielleicht 65 Kilo, höchstens 70. Er gewann, der Superschwergewichtler.

Ich hatte meinen Spaß. Andere auch. Und dann ging es zurück, durch die Uckermark. Die endlose Uckermark.

Mit dem Schlafen war es dann schwierig. Ich gönnte mir eine halbe Schlaftablette. Zur Wirkung derer kann ich nichts sagen. Wirklich nicht. Ich hab geschlafen.

Tag 175

Ich war erstaunlich fit. Trotz dem halben Schlaftablettchen. Der Tag ging gut los. Es war ein schöner »normaler« Familiensonntag. Frühstück. Spaziergang durch die Siedlung. Gespräche. Noch mal Gespräche. Mittagessen. Tee. Kaffee. Spielen. Scrabble, mit den typischen familiär vererbten Verhaltensweisen. Das wird sich niemals ändern. Niemals.

Für nicht genetisch Verwandte ist, scheint es sehr eigentümlich, das Verhalten. Keiner kann etwas dafür, es ist vererbt. Über Generationen. Es geht nicht, nie anders. Meine armen zukünftigen Enkelkinder.

Aber man kann mit dem »Nichtmakel« überleben. Versprochen. Ja und dann baute das kleine große Kind die Winterlandschaft aus Lebkuchen weiter. Und ich chillte und wartete und wartete auf das große kleine Kind. Es kam zurück aus meiner Lieblingsstadt. So war der vierte Advent.

Tag 176

Der Abend, nein nicht der Abend, sondern die Tat, das Geschehen, das, was passiert ist, überschattet alles. Überschattet einen tollen Tag, überschattet tolle Gespräche, überschattet, eine innere Zufriedenheit.

Auf einmal ist der Tag, der mir so wertvoll war, nicht mehr das, was er sein sollte. Ein Hort für Kraft und Ausgeglichenheit. Vielleicht bin ich egoistisch, aber meine erste Sorge galt meinem großen kleinen Kind und seiner Freundin., die das Leben in der großen Stadt so sehr mögen. Ich war so froh, als ich von Ihnen hörte. Nach und nach trudelten die Meldungen über die sozialen Netzwerke ein »ch bin Safe«, von Freunden und Bekanntem. Langsam konnte ich entspannen.

Was zeigt uns der gestrige Abend? Er zeigt eindeutig, dass wir uns hier in unserer vermeintlich heilen Welt nicht mehr sicher fühlen können. Das ist schade. Sehr schade.

Aber, ich glaube, wir sollten uns unsere Lebensfreude nicht durch Panikmache verderben lassen. Auch das wäre schade.

Ich liebe mein Leben und ich liebe meine Leute. Mein Umfeld und ich hoffe und wünsche, dass wieder Ruhe einkehrt, das die Welt sich beruhigt und ich mich wieder auf mein Luxusproblem fokussieren kann.

Gestern war ein ausgesprochen aktiver Tag. Frühstück mit einer Freundin. Ich liebe diese gemeinsamen Frühstücke. Ich mag diese Kultur, gemeinsam in den Tag zu starten.

Wir sprachen über das Leben, über Beziehungen und über die kleinen Dinge des Lebens. Ich konnte ihr das erste Teil meines Weihnachtsgeheimnisses schenken. Ich glaube, es hat sie gefreut. Danach habe ich die Winterapfelmarmelde nachgekocht. Die Marmelade ist der Renner auf unserem

Frühstückstisch. Sie ist gelungen, aber etwas anders. Freestyle eben.

Am Nachmittag dann ein Treffen mit einer Kollegin. Sie hat sich Zeit für mich genommen. Wir hatten das Treffen schon lange geplant. Treffen im Café, anschließend ein Gang um die Stadt. Um die Innstadt. An der Stadtmauer entlang. Wir führten unser Gespräch um Gott und die Welt und natürlich um unseren Mikrokosmos. Spannend war, dass ich ohne Kopfbedeckung im Café saß. Ich weiß gar nicht, ob es befremdlich war. Ich fühlte mich nicht angestarrt.

Ja und dann löste ich noch ein Versprechen ein. Und konnte eine große Freude bereiten. Das hat mich zufrieden gemacht. Es hätte ein perfekter Tag werden können, wenn, ja wenn er nicht überschattet gewesen wäre.

Irgendwie habe ich mir Zuviel vorgenommen. Der Vormittag war geprägt von einem schnellen aufstehen. Das große kleine Kind hektisch zum Bahnhof gefahren. Wir hatten noch acht Minuten. Das ist sportlich. Sehr sportlich. Die Strecke war ok. Bis vor uns zwei Möbeltransporter in die Bahnhofstraße einfuhren. Einbahnstraße. Mein Blutdruck stieg noch höher als beim messen in der Klinik. Für die Transporter gab es keine Parkplätze. Sie fuhren vor. Rückwärtsgang rein. Mein Blutdruck hoch. Wüste Flüche, gefühlt waren wir zu spät. Dann fuhr er in eine Toreinfahrt. Gasfuß=Bleifuß. Wir haben es geschafft. Mein Leben lief in Zeitlupe, in dem Moment.

Zuhause dann. Marmelade gekocht. Toffeelikör hergestellt und in der Küchenmaschine knetete der Keksteig. Zum Backen bin ich nicht mehr gekommen. Diesmal eine Mittagsverabredung beim Griechen. Ich hatte mich so darauf gefreut und kam etwas zu spät, das war kein Problem. Den angebotenen Ouzo habe ich abgelehnt.

Danach habe ich jemand getroffen, der seiner Freundin, ganz Oldschool, Musikkassetten aufnimmt und beschriftet. Er liebt sie wirklich. Ich hatte empfohlen, unbedingt einen Bleistift mit zu schenken. (die Älteren wissen wozu). Zuhause dann, einkuscheln in meinen Sessel und auf Besuch warten. Geplant war eine Runde zu laufen. Wir haben dann gemütlich gesessen und erzählt. Und dann war ich zwei stunden in der Wanne, das habe ich, glaube ich, vor 30 Jahren das letzte Mal gemacht. Der Plätzchenteig liegt noch immer im Kühlschrank und wartet auf Verarbeitung.

Tag 178

Gestern war ein toller Tag. Für mich, ok für mich, weil das Gift, das lebensrettende Gift in meinen Körper eingetröpfelt ist. Es lief durch. Ich schlief durch. Fast, zum Päckchen, zum neuen Giftcocktail, wechseln war ich wach. Vorher, wie immer, das Gespräch mit der Ärztin. Klar ist, die Chemos sind am 11.01. vorbei. Die Letzte wird am 11.01. sein, am 16.01. wird das Gespräch mit den Ärzten zum Thema Operation erfolgen, in der Woche vom 23.01. werde ich operiert werden. Das Jahr fängt für mich gut an. Raus mit dem kleinen bösen Rest.

Also raus mit dem Bett, der Stelle, damit kein kleines Ding sich mehr darin niederlassen kann. Jepp, das war aber nicht das, was die Hauptsache gestern war, die Hauptsache war gestern ... Das kleine große Kind. Die Hauptsache und Hauptperson. Ich bin so stolz und glücklich und habe, trotz Chemo mit einem kleinen Schlückchen Sekt angestoßen. Jede Sonnenseite hat etwas Schatten. Sie wird Mitte Februar ihren Job aufnehmen, einen, der gut für sie passt. Das ist noch nicht der Schatten, das ist die Sonne. Der Schatten ist, sie wird achthundert Kilometer weg sein. Mindestens. Sie sagt, 550 sind es nur. Ich glaube es nicht. Aber sie ist nicht entfernt von meinem Herzen. Ich bin so glücklich, dass ich sie so lange in meiner Nähe hatte und sie mir so nah ist. Ich liebe meine Kinder, jedes sehr besonders.

Ja, ansonsten konnte ich gestern in der Klinik beobachten, das Ärzte und Schwestern von Patienten mit Weihnachtsgaben bedacht wurden. In Tüten verpackte Kleinigkeiten. Ich hatte nichts mit, ich hatte nette Worte.

Zuhause angekommen, aufs Tagesbett und immer wieder geschlafen. Dafür war ich nachts wach. Es kann am Tagesschlaf liegen, oder aber auch am späten essen. Es gab Nudeln mit Spinat und Hartkäse. Superlecker.

Tag 179

Wenn der Lieblingsschwede, der Blauelbe ruft und sagt.»Kaufe Gutschein und du bekommst zehn Prozent extra«. Dann muss ich zum Lieblingsschweden. Zehn Prozent sind zehn Prozent. Inzwischen ist ja hinlänglich bekannt, gemeinsame Frühstücke sind gut für die Seele. Also für meine jedenfalls und warum dann nicht, das Sparen mit dem Seelenheil verbinden. Frühstück bei Blaugelb. Käse, Ei und Lachs, Kaffe und Kakao und Zeit. Auf dem Weg zur Kasse sagten Weinregale »Mama«. Sie durften mit. Ansonsten ging es schnell zurück nach Hause und etwas Ruhen. Es gab einen Überraschungsbesuch zur Mittagszeit, Zeit für einen Kaffee und ein kurzes Gespräch. Dann gab es noch einen Besuch, den dann aber mit Kuchen und guter Laune und /oder ernsthaften Gesprächsinhalten. Ich bin, wir sind in dem Alter, wo dieser Austausch notwendig ist und auch befreiend. Sehr befreiend. Und dann war da noch der Weihnachtseinkauf. Abends um neun. Da ist man schon den ganzen Tag zuhause und geht abends um neun zum Weihnachtseinkauf. Langsam verstehe ich unsere Ruheständler. Die waren aber gar nicht zu sehen, es ging gut und wir haben alles bekommen, bis auf den Salat. Den brauchen wir noch. Wie fleißig wir doch waren.

Tag 180

Ausschlafen hat auch was für sich. So gemütlich, so kuschlig, so ruhig und warm. So kurz vor Weihnachten bis, unglaublich Elf. Mit dem langen Schlaf hatte sich das Frühstück erledigt. Der tolle Start in den Tag. Wir machten dann, Brunch hört sich besser an, aber es war ein Resteessen. Ein leckeres Resteessen.

Das kleine große Kind hatte den Auftrag, den Baum zu fällen, den Weihnachtsbaum und er sollte diesen gefällten Baum in den Weihnachtsbaumständer stellen. Eine anspruchsvolle Aufgabe. Er hat sie gut gelöst. Baum steht mit Ständer im unteren Raum. Vorher ging es ans Möbelschieben. Keine Sorge, wir können und noch bewegen. Nacheinander. Weihnachtsputz. Ja, den habe ich gemacht, nur den Kleinen, den Klitzekleinen. Es ist dunkel und das strahlen im Raum kommt von den Kerzen. Den großen Hausputz hebe ich mir für das nächste Jahr auf. Dann hab ich schon einen guten Vorsatz für das neue Jahr.

Der Nachmittag war sehr gemütlich, mit lieben Gästen, ein nettes Plauderstündchen.

Am Abend dann weitere Gemütlichkeit. Mein Sessel und ich, wir fühlten uns wohl. Solange, bis mein Bett rief, und zwar um neun. Es war ein zehn Stundenfreitag. Außer Schwindel und kribbel war es ein ok Freitag. Der erste ok Freitag seit Wochen, nein, seit Monaten. Wie schön.

Tag 181

Heiligabend heißt heilig Abend und nicht heilig Vormittag. Die schöne Tradition des Weihnachtskartenschreibens begeistert mich Jahr um Jahr. Dieses Jahr, zum ersten Mal seid 17, Jahren ist diese Tradition an mir vorbei gegangen. Da bin ich die ganze Zeit zu Hause und habe es nicht geschafft, ein paar Karten zu basteln und zu schreiben. Na ja, vielleicht werden es Neujahrskarten. Die Chance besteht noch immer. Hoffe ich. Und eine auch eine weitere Tradition wurde gebrochen. Der Spaziergang im Dämmerlicht zum Friedhof zu Mutti und zum Grab eines Freundes. Jemand, der hätte Freund werden können. Der verstorbene Mann einer Freundin. An diesem Heiligenabend ist die Tradition gebrochen worden. Es ging nicht. Leider nicht. Wirklich absolut nicht.

Aber ich möchte den Tag vom Anfang an beschreiben. Gegen zehn ging es, ohne Frühstück aus dem Haus. Eher eher. Wir brauchten noch, genau Salat. Also auf zum Ladengeschäft und das Gewünschte besorgt. Und dann, wenn wir schon mal draußen sind, ein Spaziergang. Am Ende waren es dann auch fünf Kilometer, ganz schön viel. Zuhause angekommen dann das Frühstück, den Baum schmücken, die Geschenke einpacken.

Und irgendwer fragte »Essen wir kein Mittag heute?« Mittag? Ja das auch noch. Zum Abend soll es Kartoffelsalat geben. Mittags dann eben auch. Und dann hieß es warten auf den Weihnachtsmann. Er fuhr, nein er wurde gefahren, an meinem Grundstück vorbei. Mit einem Engelchen in Begleitung. Ich bin in die Wanne und habe mich hübsch gemacht. Eine Frisur, es geht tatsächlich schon wieder eine Frisur. Eine aus richtigen, echten, am Kopf festgewachsenen Haaren. Eine Frisur eben.

Und ab in Weihnachtsstimmung. Es wurde und war ein schöner Abend. Leider schwächelte ich etwas. Aber da war ja mein Sessel. Mein lieber, schöner Sessel.

Mit dem Nachtschlaf hat es wieder nicht so geklappt. Schade.

Feiertage sind Tage zum Feiern oder aber zum Ausruhen, oder um Besuche machen, oder aber auch zum Spazieren gehen.

Mein Tagesthema war ausruhen. So richtig ausruhen, der fehlende, unruhige Nachtschlaf, die kribbelnden Füße und das grummeln im Bauch. Es strengt an und nervt. Es nervt richtig. Zwischenzeitlich dachte ich, dass noch Fieber dazu kommt. Kam aber nicht. Gut.

Frühstück ist ausgefallen. Unser feiertägliches Festessen ab elf. Es gab Raclette. Kartoffeln, Brot, Pilze, Pimentos, Aprikosen, Ananas, Erbsen, Käse, Öl und andere Sachen. Wir saßen etwas, wir aßen etwas, wir sprachen etwas.

Dann der Wechsel in den Sessel. Er hat schon auf mich gewartet. Am Nachmittag waren wir beide gut verbandelt und am Abend auch.

Und der Fernseher lief. Ich bin jetzt Expertin in der Geschichte des europäischen Hochadels. Wer Bedarf hat, über den europäischen Hochadel unterrichtet zu werden, ich stehe zur Verfügung.

Irgendwann dann habe ich vorgekocht. Was aus Rind, Schwein, Geflügel und Rotkohl. Das Essen für mein Bergfest.

Tag 183

Bergfest. Bergfest. Die Hälfte der Zeit ist geschafft, ab sofort geht es aufwärts, vorwärts und es ist ein Ende abzusehen. Irgendwie rückwärtsblickend verging die Zeit so schnell. Einhundertdreiundachtzig Tage. Jeden Tag ein Text. Jeden Tag eine kleine Besonderheit. Jeden Tag Beobachtung der Umwelt und jeden Tag ein Tag in Richtung Heilung. Ich war wehmütig. Ein paar Tränen liefen. Die Aussicht auf Heilung lässt die körperlichen Einschränkungen ertragen. Gefühlt verlässt die Kraft den Körper, beim laufen leicht schwankend. Wehmut. Wird irgendwann wieder genug Kraft da sein um Projekte durchzuhalten. Ich denke schon. Das große kleine Kind sagt. »Es ist doch kein Wunder, wenn nach einem halben Jahr Gift in deinem Körper keine Kraft mehr da ist. Aber danach ist doch wieder neue Kraft da. Mutti.«

Genau so wird es sein. Genug Kraft haben. Bald. In der Zeit, in den 183 Tagen habe ich viele Überraschungen erlebt. Zuspruch von Menschen, von denen ich es nicht erwartet habe. Im Umkehrschluss aber auch keinen Zuspruch von Leuten, von denen ich es erwartet hatte. So ist das Leben. Es geht außerhalb meiner Welt weiter. Nicht zu vergessen die Haare. Halblang, Kurz, ganz weg und wieder da. Das ganz weg ist das äußere Zeichen der Erkrankung. Bergfest. Wir haben es gefeiert. Wir waren zusammen. Meine wunderbaren Kinder, deren Partner, mein Freund mit Sohn, eine Freundin mit Mann kam vorbei und eine Schulfreundin meiner Tochter. Es war ein schöner Tag. Eine kleine feine Runde an der Luft gegangen. Ein Glas Wein. Einen Likör. Gutes Essen. Und eine relativ ruhige Nacht. Bergfest. Irre.

Geplant war es anders. Lagerfeuer, Glühwein und draußen essen. Das Wetter wollte es nicht. Es war gut so, wie es war. Ab nun geht es rückwärts aus dem Tunnel.

Tag 184

Der dritte Feiertag. Alle sind ausgeflogen. Die Großen in die große Stadt. Der Kleine erst zum Training und dann noch mal zum Training. Seine Freundin nach Hause. Mein Freund auch. So sind die Katzen und ich ganz allein. So ganz allein stimmt nicht. Der Fernseher und sein Programm und ich. Wir sind Freunde. Gute Freunde. Andere schauen Märchen in Dauerschleife. Ich schaue Privatfernsehen. Nicht, dass ich dafür Werbung machen möchte, aber das Privatfernsehprogramm hat das beste vor und Nachmittagsprogramm. Es zeigt Menschen, die aus meiner Sicht Spaß am Fernsehen und am sich produzieren im Fernsehen haben. Die sich sehr Mühen, supertoll rüber zu kommen. Das aber nicht durchhalten. Ein gutes Beispiel dafür ist eine Sendung, in der wir alle an Hochzeiten teilhaben können.

In der Woche vor Weihnachten war eine männliche Braut dabei. Der Begriff ist nicht von mir. Wirklich nicht. Er war schon da, der Begriff. Diese männliche Braut ist aus meiner Sicht sehr Medien ... (Geil hätte ich fast geschrieben)ich schreibe aber medienaffin. Ich hatte ihn schon mal bei in einem anderen Format, bei dem es um Hotels ging gesehen. Auch dort war er nicht so sehr sympathisch. Jedenfalls hat er Punkte unter der Gürtellinie vergeben, man vergibt in dem Format Punkte und bewertet sich gegenseitig. Ich glaube, er hatte gewonnen. Mir ist eingefallen, dass er ein Ex von einem volkstümlichen Schlagersänger ist. Von dem hört man ja auch nicht mehr so viel, von dem volkstümlichen Schlagersänger. Zwischenzeitlich bin ich dann immer mal wieder eingeschlafen. Abends habe ich dann eine Reportage über die Berliner S-Bahn geschaut. Vom West- zum Ostkreuz. Es wurden Dinge am Rand der Stationen gezeigt. Ich war überrascht, wie viel ich davon kannte. Ein Restaurant am Savignyplatz. Die Mercedes Benz

Arena, den Hauptbahnhof und Bahnhof Zoo. Ich bin schon gut aufgestellt, was die große Stadt Berlin betrifft.

Ja und dann raus aus dem Sessel ins Bett zu meinem unruhigen Nachtschlaf.

Tag 185

Auch zwischen den Tagen gibt es weiter das feine Gift für mich. Wieder ein Mittwoch und dasselbe Prozedere wie jeden Mittwoch war zu erwarten. Nur war dieser etwas anders. Es war der letzte Mittwoch im Jahr. Ich wollte mich bei den Schwestern und der Ärztin für die Unterstützung in diesem besonderen Jahr bedanken und mit einer Tasche voller Picolöchen (für diejenigen, die damit nichts anfangen können, es sind die kleinen Sektflaschen 0,2 Liter). Mit einer klappernden Tasche ging ich in die Klinik, in den Bereich und es machte bei jedem Schritt Klipp/klapp. Ich habe vor mich hin gegrinst ganz vorsichtig. Ich glaube, alle haben sich gefreut. So ein kleines Dankeschön ist immer wieder schön. Finde ich.

Ich musste wieder Blut abgeben, die Nierenwerte sind ok, Leber ist leicht entzündet, das kann aber mit dem Gift zusammen hängen. Ich werde es beobachten müssen und diese Baustelle dann angehen. Für die Brustsprechstunde musste ich im Vorfeld noch verschiedene Termine erledigen. Mammographie 8:30 Uhr, Herzecho 9:30 Uhr und dann 11:30 Uhr dann die Brustsprechstunde, das habe ich ziemlich gut hinbekommen. Nur der Termin für den Narkosearzt habe ich noch nicht. Das bekomme ich aber auch noch hin.

Die netten Damen vom Chemosaal haben mich schon gesucht. Das mussten sie eigentlich nicht. Ich gehe ja freiwillig hin. Besonders schön war, das eine Freundin mich in der Gifteinleitzeit unterhielt und als ich schlief, unterhielt sie sich selbst. Das war so schön. Und schön war auch, dass ich meine, schöne neue blaue Mütze bekam. Sie ist so edel. Den Nachmittag und Frühabend in Etappen verschlafen. Abends gab es sehr leckeren Salat. Ich war begeistert.

Dann für die Sicherheit, mit einer Schlaftablette ins Bett gegangen. Mit einer echten.

Sie hat nicht so gewirkt, wie ich es wollte. Glaube ich zumindest.

Tag 186

Die Ärztin sagte, dass es eine Woche dauert, dass das Gift aus dem Körper ist. Das bedeutet, dass am 18.1. das letzte Gift raus ist, aus mir raus ist. Ich freue mich sehr darauf. Aktuell kommt es mir vor, als wenn das Gift auch auf die Psyche geht. Ich fühle körperlich wenig Stärke und mental bin ich gerade auch nicht die Heldin. So vor mich hinjammern, das kann ich richtig gut. Nur kommt es nicht gut bei denen um mich rum an. Glaube ich, nein weiß ich. Deshalb wird es Zeit, dass die Zeit vergeht. Noch knapp drei Wochen. So lange wie ein Sommerurlaub und der geht ja auch immer schnell vorbei. Ich verspreche mir das in drei Wochen, das gekribbel aufhört, ich selber wieder entspannter bin. Und, und wieder Kraft habe. Also für die nächsten drei Wochen Augen zu und durch. Und unbedingt den gestrigen, im Sessel sitzenden, in meiner Unzufriedenheit suhlenden, noch besser mich in meiner schlechten Laune vergessenden Tag verlieren oder streichen. Also, den Tag raus aus meinem Leben.

Bis auf das Abendbrot. Das darf bleiben. Also ein Tag bestehend nur aus einem Abendbrot. Gemacht von dem kleinen großen Kind. Wunderbare Gemüsenudeln.

Tag 187

Auch wieder kein Tag von den Besseren, zumindest nicht bis zum Mittag. Irgendwie kommen jetzt die Nebenwirkungen, die ich die ganze Zeit nicht oder fast nicht hatte. Ich wechsel vom Bett zur Toilette und wieder zurück. Ab Mittag dann ging es besser. Ich konnte gut mein Umfeld beobachten. Mein Umfeld waren die Katzen. Eine saß auf dem Fensterbrett und schaute rein, also sie saß draußen auf dem Fensterbrett. Die andere saß drinnen und schaute raus. Sie sind so süß. Etwas Haushalt war nötig. Wäsche, die dritte Maschine voller Wäsche hat dann aufgegeben. Während des Waschvorganges hat sich der Deckel der Trommel geöffnet und vollkommen verhakt. Nun steht eine kaputte Waschmaschine voller Wäsche, inklusive meiner Lieblingssachen rum. Ich bin überfordert, die Tipps aus dem Internet kann ich nicht umsetzen. Hoffentlich finde ich bald einen Monteur. Hoffentlich. Am Abend dann tat mein Körper weh. Ziemlich sehr. Achtung, das ist kein Jammern. Auf gar keinen Fall. Mit dem Schlafen hat es ganz gut geklappt. So ziemlich gut
.

Weil ich es verkraften kann. Ein Satz, den ich in einem Bericht über einen Basketballer gelesen habe. Er hatte einen Unfall und das Leben stand mit einem Wimpernschlag Kopf. Es wahr die Antwort auf die Frage seiner Mutter an ihn. Sie fragte »Warum gerade du.?« Seine Antwort. »wahrscheinlich, weil Ich es verkraften kann.« Dieser Satz hat mich sehr berührt. Der Artikel ist sehr liebevoll, ohne auf die Tränendrüse zu drücken geschrieben. Warum stellt das Leben Prüfungen? Warum stellt das Leben mir diese Prüfung? Wahrscheinlich auch bei mir. Weil ich es verkraften kann. Das ist die Erkenntnis, meine Erkenntnis des ersten Tages im neuen Jahr. Und die zweite Erkenntnis? Einfach nur glücklich sein. Einfache Erklärung, einfaches Leben. Geniales, schönes Leben fehlt wirklich und ich bin zurecht angemahnt worden.

Silvester ist ein besonderer Tag. Ich reflektiere das vergangene Jahr. Was war wichtig, was nehme ich mit in das neue Jahr, besser, was möchte ich mitnehmen? Was hat mich überrascht?

Es war das Jahr, in dem ich fünfzig wurde. Darauf hatte ich mich gefreut. Fünfzig. Ich wollte irgendetwas Besonderes machen. Etwas für mich. Eine Radtour, geplant an der Elbe entlang bis Prag. Geworden ist es dann eine Reise nach Rhodos. Eine Trauminsel. Die Reise schon überschattet von dem Wissen um das kleine böse Biest, welches in der linken Brust saß. Sitzt und mein Leben und das meiner lieben auf den Kopf stellte. Die bitteren Tränen meiner Kinder. (Bei dem Gedanken daran muss ich wieder weinen.) Die erschrockenen Blicke meiner Freundinnen und Freunde, meiner Bekannten und Kollegen. Das Kraftspenden und wünschen und denken an mich, aber auch das, verständliche, zurückziehen. Nicht jeder kann und möchte gut mit einer solchen Situation umgehen. Und natürlich das Erleben, dass die Krankheit Alltag wird. Für mich, für mein Umfeld, für alle.

Die schwindende Kraft. Körperlich und mental. Und besonders die Freude, darüber, das es nur noch zwei Giftgaben sein werden und meine Kräfte danach wieder kommen werden. So gingen meine Gedanken und ich hing Ihnen nach. Die Vorbereitung auf die Party. Ja, es gab eine Einladung zu einer Party. So richtig, mit tanzen, mit essen, mit reden. Ballern mit Böllern. Mit Wein, Sekt, Champagner, Gin Tonic. Und kaum zu glauben, Limonade, die gute Biolimo. Ich sage nicht, was ich getrunken habe. Es war eine echte Homeparty. Jeder brachte etwas mit. Wir die Dips und einen Mitternachtssnack.

Als wir zuhause loswollten, oh Schreck, es fehlte eine Katze. Die eine verabschiedete sich artig, aber wo war die andere? Kurze Entscheidung, wir fahren trotzdem. Und dann waren wir da. In diesem wunderbaren Haus, bei den charmanten Gastgebern, deren Kindern und Freunde und Freunden von den Kindern. Wir waren etwa dreißig Personen und ein Hund. Die Gastgeber hatten einen Raum zur »Partyzentrale« umfunktioniert mit Diskobeleuchtung, Bartisch und DJ Platz und, was ich sehr zu schätzen wusste, zwei Sesseln. Einer davon war dann meiner. Es durfte auch mal jemand anders darauf sitzen. Irgend wann war klar, hier sitze ich. Tolle Musik, viele entspannte Leute. Eltern mit Kindern. Anfänglich sortierte ich die Kinder den Eltern zu. Neun von zehn hatte ich richtig. Mein Abend in Kurzform: getanzt (zwei Lieder). Gegessen,Getrunken. (Vier Biolimo) zum Anstoßen alkoholfreien Sekt. Ein Hinweis, er wird absolut überbewertet. Und dann ging es schon wieder zurück, nach Hause. Tür auf. Und beide Katzen da. Wie schön.

Neujahr, der Neujahrstag, der zeigte dann wirklich die fehlende Kraft. Außer einem Spaziergang war nur Gemütlichkeit angesagt. Kerzen, Ofen, Sessel.

Ein guter Tag, der erste Tag im neuen Jahr.

Tag 190

Das neue Jahr bringt nicht nur das neue Jahr, sondern auch ein neues Quartal und einen neuen Monat. Das bedeutet, ich brauche eine neue Überweisung in das Brustzentrum und eine neue Bescheinigung, dass ich nicht in der Lage bin, meiner Arbeitstätigkeit nachzugehen. Also viel zu tun. Wenn die Überweisung nicht vorliegt, dann kann sie nachgereicht werden. Ist zwar nicht gut, geht aber. Beim Krankenschein ist es anders, dieser muss innerhalb von fünf Tagen bei der Krankenkasse vorliegen. Wenn das nicht gelingt, passiert etwas sehr Unangenehmes. Das Krankengeld wird ruhend gestellt. Egal, ob man vermögend ist, oder alleinerziehend oder eben krank. Es gibt kein Krankengeld, wenn der Schein nicht innerhalb von fünf Tagen bei der Krankenkasse eingegangen ist. Und dann haben wir noch den Arbeitgeber, der möchte seinen Schein innerhalb von drei Tagen haben. Und natürlich einen Anruf oder eine persönliche Vorsprache, um Bescheid zu geben, wie lange ich weiterhin nicht arbeiten kann. Ich habe das beim Laufen gemacht und war entsprechend luftknapp. Ja und dann muss man unbedingt daran denken, die Scheine auch einzutüten und ihrer Bestimmung zuzuführen. Also ich hatte wirklich gutzutun. Was ich damit sagen will. Es ist Stress immer daran zu denken, dass die Scheine notwendig sind und daran zu denken zum Arzt zu gehen oder zu fahren. Als ich mein Auto parkte, dachte ich bewusst daran, die Parkscheibe reinzulegen. Eine fehlende Parkscheibe kostet mindestens fünf Euro, ich vermute aber eher zehn. Ich hatte die Parkscheibe drin. Zehn Euro gespart. Wenn ich das Haus schon mal verlasse, also draußen bin, dann kann ich auch noch einen Besuch machen. Tee und etwas rumhängen und dann ab nach Hause. Mittagsschlaf. Silvester hängt noch in den Knochen. Abends war ich dran mit dem Abendbrot. Ich habe asiatisch gekocht. Sehr stark gewürzt, sehr sehr stark.

Gedanken nachzuhängen ist eine Schöne, eine sehr Schöne Tätigkeit. Das Wetter lud regelrecht dazu ein. Lange Zeit hatte ich mir vorgenommen, unsere Fotos zu sichten, sortieren und ordnen. Wir haben viele Fotos. Sehr viele Fotos und ich habe diese, nicht so vorbildlich, wie andere Fotos sofort geordnet und in Alben hübsch eingeklebt. Nein, da gehöre ich eher zu der Gruppe. Knips, Knips und Knips und einmal anschauen, um sie dann samt Tüte in die Kommode, in die Kommode von 1909. verbrieft von 1909. Sie wurde 1909 über den Lehrter Stadtbahnhof, dem heutigen Berliner Hauptbahnhof, nach Eberswalde verschickt. Dort blieb sie, bis sie 2006 oder 2007 zu mir kam (so lange ist sie schon bei mir). Inzwischen sind zwei große Schubfächer der Kommode voll, voll mit Fotos. Es gibt auch Fotos in Kartons und Fotos in diesen schrecklichen Klappalben. Also es ist schon gutzutun um hier Ordnung reinzubekommen. Jedenfalls fing ich an, die Fotos zu sortieren, erinnerte mich an Begebenheiten mit Freunden. Habe festgestellt, wie präsent Freunde sind. Noch immer, oder wieder. Wie viel Zeit wir gemeinsam verbracht haben gute Zeit und weniger gute. Wie unsere klitzekleinen Kinder aufgewachsen sind. Ich wünsche jedem eine Zeit zum »nachhängen«. Es waren auch Fotos von Freunden, die keine mehr sind und wo sich die Wege verloren haben. Auch das gehört zum Leben dazu. Ich bin wirklich sehr froh, dass ich ohne Groll zurückblicken kann. Bis auf ganz wenige. Ganz, ganz wenige. Aber auch das ist ok. Auf einmal war der Nachmittag ran und mein Kleines großes Kind kam wieder nachhause. Mutig wie ich bin, habe ich sie abgeholt. Mit dem Auto. Es war so schön. Dabei habe ich dann direkt das große kleine Kind in der Sporthalle abgeliefert und seine Freundin zu Hause abgesetzt und alles mit dem Auto. Ja und dann waren wir zuhause. Gemütlich gemeinsam gegessen (das ist eine Alliteration)

Tag 192

Nun ist es nur noch eine. Wirklich, nur noch eine. Was hab ich die Zeit herbei gesehnt, dass ich mit der Giftgabe, von der mein Arzt sagt. »jeder Tropen ist ein Tropfen Leben.« vorbei ist. Nein nicht vorbei, sondern beendet ist. Ziel, mein Ziel ist es, die Tropfen bis zum Ende zu erhalten. Nun sieht es aus, als wenn der Plan funktioniert. Gift, im Englischen heißt Gift Geschenk. Es ist ein Geschenk. Ein Geschenk, welches meinen Körper von innen rein macht, ihn säubert. So wie Badeöle ihn von außen säubern. Ach was bin ich wieder philosophisch.

War aber notwendig, um mich noch mehr, als bis her mit der Chemo, dem Geschenk, der Lebensgabe ins Reine zu bringen. Nun war gestern Chemo Tag. Das erste Mal hatte ich einen Termin um halb zehn, das fand ich sehr komfortabel. Nur merkte ich es erst um acht, dass der Termin so großzügig liegt. Somit hatte ich die Gelegenheit entspannt, in den Tag zu starten. Diesmal mit Mitnehmbrot, andere würden Pausenbrot sagen, und frischem Tee. Das kleine große Kind (der aufmerksame Leser merkt, dass ich die beiden immer verwechsle, dabei hab ich die Bezeichnungen erfunden) fuhr mich in die Klinik und nahm sich noch etwas Zeit bei mir zu bleiben. Der Parkplatz war so voll. Wir fanden dann einen am äußeren Ende. Luft Linie ca sechshundert Meter zum Haupteingang. Wir liefen über das Gelände des Klinikums, vorbei an den schönen roten Klinkerbauten Anfang des zwanzigsten Jahrhunderts erbaut. Vorbei an »Bediensteten Parkplätzen« dort parkte gerade ein kräftiger Mann ein. Er ist Vater eines kleinen Kindes. Woher ich das weiß? Er hatte ein »Pucki« Rad im Kofferraum liegen. Ein Laufrad für kleine Leute, für Kinder. Da kommt mir der Gedanke, wie konnten meine Kinder und auch ich ohne Laufräder aufwachsen? Laufräder scheinen das »Musthave« zu sein. Aber ich will mich nicht verzetteln.

Rein ins Klinikum, zielsicher zum Kapillarlabor und dann zur Schwester. Im Wartebereich war es nicht so voll. Eine Dame erzählte mir, dass ihr die Wartezeit zu viel ist. Ich »Aber wir haben doch Zeit« Sie »Aber ich kann nicht so lange sitzen.« Das ist ein Grund. Sie wurde dann bald aufgerufen. Ich auch. Blutwerte ok, Blutdruck zwanzig weniger als in der Vorwoche. Noch immer zu hoch.

Die Schwester »Hatten sie den schon mal so hoch?« Ich. »diese Woche bin ich tiefen entspannt im Vergleich zu den Vorwochen.« Sie lachte auch.

Dann zur Ärztin. Ich hab noch mal ein paar Tage frei bekommen. Die Planung kann losgehen. Ostsee oder Süden der Republik. Ich bin gespannt, wo es hingehen wird. Und dann suchte ich meine ältere Dame, um ihr mein Mitbringsel zu überreichen. Sie war schon angedockt und dann gerührt, als ich es ihr überreichte.

Jetzt kann ich es lüften das Geheimnis aus der Weihnachtszeit. Es sind zauberhafte Engel aus Ton, die ich mit Hilfe gebastelt habe.

Ich ging dann noch mal raus und wartete auf mein Gift. Nicht lange. Der Stuhl neben meiner Dame war noch frei. Wir plauderten über Weihnacht, Silvester, wohnen und das Leben im Allgemeinen und schwups ihre Zeit war um. Sie ging und ich schlief.

Das kleine große Kind holte mich wieder ab. Ab aufs Bett und weiterschlafen. Kurz wach es gab Kartoffeln mit Butter. Und weiter schlafen und weiter essen, Milchreis mit Kirschen und Apfelkompott. Dann ins richtige Bett und ich war wach. Immer mal wieder. Geschwitzt. Zur Toilette. Etwas geruht. Wieder von vorne. Bald ist alles gut.

Heute früh. Ein Blick aus dem Fenster. Alles ist weiß. Mein Nachbar hat schon seine Wege gefegt, sogar den bis zum Gartenhaus. Ich nicht.

Das große kleine Kind macht einen Ausflug nach Barcelona. Ausflug ist nicht ganz richtig. Oder doch. Er fliegt ja. Ich meine er flog. Sein Team und er spielen im Rahmen der Euro Liga ein Turnier. Gegen, besser mit den besten Mannschaften Europas. Er durfte mitreisen und ich bin so stolz. Also hieß es, raus aus dem Haus, in die weiße Winterwelt. Wirklich weiß, das Auto zu geschneit. Die Stadt, die Straßen, alles weiß. Egal, wir haben Winterreifen, sind also für das Abenteuer »Autofahrt im Winter« gerüstet. Gut gerüstet, waren wir auch. Nur einmal kurz gerutscht, dank besonnener Mitfahrer ist nichts passiert. Uff. Umso mehr, umso weiter wir in die große Stadt kamen, um so weniger weiß war es. Am Ziel angekommen, war von unseren »Wetterkapriolen« nichts mehr zu finden, vermutlich hätte eine Verspätungsentschuldiging mit dem Wetter nur zum Lachen gereicht. Und dann war es weg. Das große kleine Kind. Um es vorwegzunehmen, das Team ist gut gelandet. Mit Verspätung, aber alles gut gegangen. Und da wir nun schon einmal in der großen Stadt sind, haben wir einen Laden besucht, den ich schon lange Mal besuchen wollte, ein Künstlerbedarf. Papiere, Umhüllungen, Stifte, Farben, einfach schön. Ein paar Sachen habe ich direkt mitgebracht. Nein, nicht die Karl Lagerfeld Box, die so traumhaft schön ist, so genial bestückt und so exorbitant teuer ist. Die nicht, obwohl sie so gern mit wollte.

Wieder zuhause, ein kleiner Mittagsimbiss, etwas Ruhe und ein paar Fotos sortiert.

Dann ging es noch einmal raus in den Schnee und in die Sonne. Winterwetter wie aus dem Bilderbuch. Es war eine gute große Runde. Die ging über Sparkasse und den Asiashop. »Wo steht dennn jetzt der Tofukühlschrank?« War die Frage des Tages. Alles lachte. Ich zielsicher in den kleinen Laden mit asiatischen. Lebensmitteln. Zielsicher in die Ecke zu dem Kühlschrank. Es stand dort eine Getränkebox. Wo ist der

Tofukühlschrank? Er war noch da. Nur an anderer Stelle. Und es gab ihn, den besten Tofu der Stadt. Mal sehen, was wir damit machen werden. Dann noch schnell zum Lebensmittelmarkt. Zutaten für unser Abendbrot besorgen.

Auf dem Rückweg, mit Tasche und Einkäufen überraschte uns der Schneewirbel. Die kleinen Flocken bissen uns in die Gesichter. Oh jeh. Oh weh.

Zuhause dann die Fotos, ich glaube, das dauert länger. Ausruhen und Abendessen. Es gab Salat mit Honig Senf Dressing und einem Camembert mit Himbeergelee dazu Brot mit Olivenöl. Ein gutes Essen dieses Abendessen.

Der Nachtschlaf war (mal wieder) nicht optimal. Und morgens ist die Welt um mich rum noch immer weiß, richtig weiß.

Tag 194

Ich wusste gar nicht, wie viele Fotos es sind. Vormittags war weiter sortieren angesagt. Weitere Erinnerungen. Erinnerungen vom Studium. Dreißig Jahre her. Dreißig. Wie geht denn so was? Bin ich echt so alt? Muss ich ja wohl. Es war eine irre Zeit. auch wenn ich die Studenten von heute beneide. Um Ihre Auslandssemester, um die Möglichkeiten sich auszuprobieren. Um die Möglichkeit sich zu finden. War doch die Sicherheit nach dem Abschluss sofort eine Anstellung zu haben auch was wert. Aber etwas fehlte doch und zog sich durch das Leben, Fernweh und das Gefühl, etwas verpasst zu haben. Wobei das im Alter verblasst. Ich bin wirklich so alt.

Der Vormittag war also geprägt vom Sortieren und Sinnieren.

Der Nachmittag von der Fußpflege und einem Baumarktbesuch. Der Wintereinbruch hat dafür gesorgt, zu zeigen, wie schlecht wir wieder vorbereitet sind. Nicht sind, sondern waren, jetzt sind wir ja gut ausgestattet. Streusand und Frostschutz. Es kann nichts mehr passieren. Zumindest, was das Streuen und Scheibenwischen betrifft.

Ja, dann ein kurzer Abstecher in die Stadt und dann ab nachhause. Ausruhen und Basketball schauen im Internet. Leider hat mein Team verloren. Ein Team, welches bis auf einen Spieler aus Spielern besteht, die ihr Basketballandwerk in Berlin oder Brandenburg gelernt haben. Acht Berliner, drei Brandenburger und ein Gastspieler.

Das spanische Team aus Barcelona hat, es ist kaum zu glauben, sechs Spieler, die nicht aus Spanien kommen. Es scheint in Spanien so zu sein, dass man sich die Teams zusammen baut und nicht entwickelt. Ganz ehrlich, das hatte ich nicht erwartet.

Noch ein paar Fotos (ich sage ja, es wird eine Aktion) und auf einen Krimi im Fernsehen gewartet. Wir hatten eine Premiere, nach dem wir den unteren Raum in Unordnung gebracht haben, sind wir zum Schauen nach oben gegangen. Das erste mal zum Fernsehen nach der Umräumaktion. Es war schön. Ansonsten war es ein Freitag. Die Putzkolonne feiert weiter, Hände und Füße kribbeln. Schlafen ist ok. Das sage ich nur so, es war nicht wirklich ok. Aber es sind nur noch zweieinhalb Wochen, Yeah, dann geht der letzte Tropfen un mich hinein.

.

Tag 195

Wie löst man Knoten, wie kommt man aus Seelentiefs wieder raus, was kann / muss man tun, um zufrieden zu sein? Zufrieden mit sich, mit seinem Umfeld. Wichtig ist es, erstmal festzustellen, dass man unzufrieden ist, ist man es, dann ist festzustellen, was unzufrieden macht und dann schauen, was geändert werden muss, um wieder zufrieden zu sein. Und hier kommt aus meiner Sicht die entscheidende Erkenntnis, man kann nur für sich selbst Zufriedenheit schaffen, hier ist es wichtig für sich zu definieren, was macht mich zufrieden und was muss ich dafür tun, ohne das andere dafür etwas tun müssen, das von anderen etwas erwartet wird. Manchmal es aber auch, dass andere genau das, was zur Zufriedenheit notwendig ist, tun, von sich aus, einfach so und dann kann das ruhig angenommen werden. Weil das so besonders ist. So sehr besonders. Nur darf keiner erwarten, dass es immer so bleibt. Ja also was macht mich zufrieden? Zufrieden machen mich das Zusammensein mit Freunden / Freundinnen. Reden, lachen, essen, feiern. Mit meiner Familie zusammen sein, das Gefühl gebraucht zu werden, für Menschen wichtig zu sein. Das Zusammensein mit meinem Freund. In Partnerschaft.

Gestern nun war ein Tag, der die Chance hatte, ein zufriedener zu sein. Ein Treffen mit den Mädels zum Frühstück. Am Nachbartisch konnten wir beobachten, wie es sein wird, wenn wir dreißig Jahre älter sind. Ich glaube, darauf freue ich mich schon. Die Mädels sicher auch. Die schöne Zeit war schon wieder um, warum muss das immer so schnell gehen?

Zurück nach Hause sind wir dann einen Umweg durch den Schnee gestapft. Es schneite und die Flöckchen waren klein und bissig. Zuhause angekommen. Ofen anheizen und in den absoluten Chillmodus verfallen. Ein paar Fotos sortiert, wann werde ich nur fertig damit? Wieder in Vergangenheit versunken.

Am Abend. Basketball schauen. Das Team vom großen kleinen Kind kam, sah und siegte. Das gefällt mir.

Körperlich wird es anstrengender, Hände, Füße, Luftknappheit. Einfach anstrengend.

Aber es wird wieder, ganz sicher.

Veränderungen, sind Veränderungen notwendig, braucht man sie von Zeit zu Zeit? Wie geht eine Veränderung vor sich? Muss es sein?

Veränderungen passieren aus den verschiedensten Gründen. Manchmal ist das Umfeld nicht mehr so, das es guttut, manchmal gefällt die Farbe an der Wand nicht mehr, manchmal das komplette Leben. Bei anderen sind es Kleinigkeiten, fehleder oder zu viel Sport, die Ernährung, die Arbeit, zu viel oder zu wenig Zeit für sich. Warum will man, warum muss man was verändern. Oft ist es notwendig, um die eigene Zufriedenheit zu stabilisieren, oder zu erlangen. Unzufriedenheit zu beseitigen. Langsame, schleichende Veränderungen, oder Veränderungen sofort, aufzuheben. Was ist nachhaltiger? Was ist anstrengender? Ich weiß es nicht. Ich weiß auch nicht, ob Veränderungen anstehen oder erforderlich sind. Es sind Überlegungen. Gedankenspiele.

Mein Sonntag. Kopfschmerz, Augenschmerz, kribbeln in Händen und Füßen und viele, zu viele Gedanken. Ein Sonntag allein, mit einem Erkältungsbad und etwas kochen. Erbsensuppe. Einfach und lecker.

Zu den vielen Gedanken kam eine dauerhaft laufende Nase und Dauerniesen. Hoffentlich bekomme ich das in den Griff. Und dann war da ja noch der Winter. Von innen betrachtet ist er sehr schön. Schade, dass er nicht schon vor vier Wochen kam.

Tag 197

So ein Missverständnis ist schon ein kleines böses Ding, es kann es doch tatsächlich schaffen, den Tag zu versauen. UPS, solche Wörter gehören nicht hierher. Ist passiert, bleibt nun stehen. Ja, so ein böses kleines Ding, dieses Missverständnischen. Eigentlich heißt es ja, der Sender (also der Redner) ist dafür verantwortlich, dass der Empfänger (der Angesprochene) versteht, was gemeint ist. Soweit die Theorie. Denn was ist, wenn der Empfänger nicht verstehen will, also bewusst Missverstehen will. Dann wird es schwierig, dann kann man überlegen, ob man eine Pause macht oder ob man auf das Missverständnis aufbaut und einfach weiter macht oder aber, ob man es einfach auflöst. Eine einfache Frage stellen. »Was hast du verstanden , wie meinst du das?« Aber sowas geht nur, wenn man ohne negative Gefühle denken kann, und das ist oft schwer. Also besser aussitzen, oder noch besser ausliegen. Geschlafen. Wach. Wieder geschlafen, gelesen, besser versucht zu lesen. Zwischendurch hatte das große kleine Kind zwangsgelüftet. Essen und schlafen. So war der Tag im Allgemeinen. Bei allen meinen Tätigkeiten fiel mir dann ein, dass ich und Bett gern superweiche, gemütliche Bettwäsche hätten, die kuschlige für den Winter, so richtig kuschlige für den Winter. Also doch nicht im Bett bleiben, sondern aufstehen, anziehen, dann ins Bettwäschefachgeschät. Es gab die kuschlige Winterbettwäsche. Das wird Bett und besonders mir gut gefallen. Wieder zuhause gab es überbackene Tomatenstullen. Man muss sich mal vorstellen, wie gut es uns geht, Tomatenstullen im Winter. Entgegen der Saison. Ein bisschen Kartenspiel. Ich war, ich war leider nicht der Sieger, ich meine, die Siegerin. Obwohl es lange so aussah. Egal.

Es ist nur ein Kartenspiel. Obwohl, geärgert habe ich mich schon. Der Nachtschlaf stellte sich nicht ein. Irgendwann warf ich dann ein Pillchen zur Unterstützung ein. Das wirkte dann mit Zeitverzögerung. So zeitverzögert, dass ich erst gegen elf, eher zwölf wach wurde. Sehr eigenartig. Also für die Zukunft merken. Augen auf beim Pillenkauf, besser bei der Pilleneinnahme.

Tag 198

Der Nachtschlaf war so schlecht, dass das Wachwerden am Tag so schwierig war. Als die Kinder Frühstück gegessen haben, bin ich runter gewankt und hab mich an den Tisch gesetzt. »Willst du mit frühstücken?« Ich »Oh nein, geht nicht. Ich leg mich wieder hin.« Dann um halb eins. Wirklich halb eins. War ich dann wieder auf. Anziehen und eine Stulle mit Petersilie, zusammengeklappt. Butter war auch drauf. Sehr lecker. Eigentlich war es nur eine halbe Stulle. Sie war zusammengeklappt und will es das Gesetz, dass es nur eine halbe Stulle ist. Is so.

Auf ging es in die Stadt. Ein Ausflug. Ein Auslauf. Ein Ausgang. Wir sind gelaufen. Waren in der Bibliothek. Endlich keine Mahngebüren. Keine eigenartigen Blicke wegen des zu spät Kommens, des zu spät Abgebens der Bücher. Alles richtig gemacht. Einen kurzen Besuch zum Tee, einen guten grünen Tee. Nett erzählt und schwups war die Zeit vorbei. Ab nach Hause. Ein weiterer Stopp bei dem asiatischen Gemüsehändler in der Stadt. Sommerrollen zu Mittag besorgt. Ein unschlagbarer Snack. Leicht und gut verdaulich. Der Gemüsehändler ist schon sehr nett.

Vor uns war ein älterer Herr, der, wie wir auch, einen Stoffbeutel mit hatte. Er wies uns extra darauf hin. Dafür haben wir ihn gelobt. Ein echter Vorreiter im Kampf gegen die Plastiktüte.

Zuhause angekommen, gab es die Sommerrollen. Die haben die mir gut geschmeckt. Richtig gut. Es war nicht anders zu erwarten.

Bis hierhin war meine Energiebilanz ok. Am frühen Nachmittag kam schon das kleine große Kind. Völlig ungewöhnlich, aber schön. Ich hab ihm etwas beim »Zocken« zugeschaut. Ach war das gemütlich.

Und dann habe ich meine Energiebilanz in die Höhe getrieben. Ich sag nur Crêpes. Crêpes von der Weltbesten

Crêpes Bäckerin. Einmal mit Pilzen, einmal mit Bratapfel und Blauschimmelkäse. Gewöhnungsbedürftig dennoch lecker. Sehr lecker und dann, ganz zum Schluss, einen süßen, mit dem Rest Blaubeeren, Blaubeermarmelade. Gern möchte ich das öfter, viel öfter haben.

Irgendwann ging ich zu Bett, Bett hat schon gewartet. Bett war müde. Ich nicht.

Da war sie nun die letzte Chemo. Die Letzte im Leben. Ein halbes Jahr gehörte es dazu Mittwochfrüh zum Blutabgeben, dann zur Schwester zu gehen. Hatte ich erwähnt, dass sie immer nach dem Gewicht fragt? Von der Schwester geht es zur Ärztin, dann zum Anstechen des Ports. Wenn das dann passiert ist, dann ab in den Chemosaal. Andocken. Gift rein. Putzkolonne aktivieren. Abdocken und dann ab nach Hause. So war es zum sechzehnten Mal. So war es auch gestern. Früh mit meinem »Fanklub« (Danke für die Begleitung) die Runde ging los. An der Blutabgabestelle stand eine junge Frau mit einem kleinen Kind.

Das Kind mit Mundschutz und unglaublich viel Angst. Wir waren alle betroffen. Auch die Laborantin. Wir sprachen kurz darüber und waren uns einig, es ist wieder der Natur so kleine Kinder so schwer krank zu sehen. Ich muss es noch mal sagen, Krebs ist ein Arschloch und diese Fäkalaussprache passt hier richtig, eigentlich ist er noch schlimmer, aber mir fallen keine schlimmeren Worte ein. Die Wartezeit zur Schwester und Ärztin überbrückten wir mit nettem Geplauder. Es war sehr lange. Ich glaube, so lange hat es noch nie gedauert.

Ich hatte überlegt, wir hätten einen kleinen Tisch mitnehmen sollen und nett Frühstücken. Mit Käffchen und frischen Eiern, mit Tischtuch. Ach was könnte ich noch alles aufzählen. Apfelmarzipanmarmelade, die gibt es noch nicht. Das wird ein neues Projekt.

Im Chemosaal, neben mir saß Herr N., der wollte den Schwestern erneut erklären, wie schnell es Tropfen soll. Die Schwester. »Soll ick ne Stoppuhr holen?« Ich hab vor mich hingegrinst, ich hab mich nicht getraut, laut zu lachen. Gern hätte ich meine liebe Dame neben mir gehabt. Aber gegen Herrn N. Wollte ich mich nicht auflehnen. Auf dem Stuhl daneben, also, neben Herrn N saß Frau B. Kurz über dreißig, traumschön und mit neuen Wimpern. Richtige klimper Wimpern. Das gefiel mir richtig gut. Frau B. Musste zur Toilette, ließ ihr Handy liegen. Sie war raus aus dem Raum und, wie es eigentlich nur in schlechten Filmen vorkommt, das Handy fing an zu klingeln. Permanent. Am Ende stellte sich heraus, das es der Weckruf vom Vortag war. Ich habe wieder nett gelächelt. Ja und dann war da noch Frau B2, sie war das erste Mal da und tat recht cool. Hatte aber Angst, glaube ich und hier schließt sich der Kreis. Sie das erste, ich das letzte Mal. Meine alte Dame und ich haben die Nummern getauscht und schreiben uns. Das gefällt mir.

Auf der Rückfahrt überraschte ein Schneetreiben, es sah echt gefährlich aus. Pellkartoffeln mit Butter, mein Mittag. Ich bin gespannt, ob ich diesen, für mich Festmahl, später noch mögen werde.

Zum Abend gab es noch einen Ausflug. Elternversammlung beim großen kleinen Kind. War wichtig. Wirklich, war es.

Alles gut gegangen, ich meine gut gefahren. Die Nacht war fast ohne Schlaf. Es kann nur besser werden, das muss besser werden.

Tag 200

Aufgedreht, überdreht? Der Nachtschlaf, Nachtschlaf ist eine vollkommen falsche Bezeichnung. Schlaf ist das falsche Wort. Ruhen, ja ruhen ist die bessere Bezeichnung, also immer mal wieder eingeschlafen, nur kurz, dann wieder wach. Entsprechend unausgeruht und morgenübellaunig war der Start in Tag 200 richtig übellaunig. Zweihundert Tage. Zweihundert Tage seit der Diagnosestellung. »Sie haben Krebs , er ist bösartig und wächst schnell. Das positive, er ist nicht hormonabhängig. da können wir gut mit Antikörpern arbeiten. das gibt es seid etwa zehn Jahren und wir haben gute Erfahrungen damit gemacht.« Die Frage, meine Frage. »Wie lange?« »Ein Jahr.« So war das Gespräch vor 200 Tagen und nun sind es nur noch 165 Tage, bis das Jahr beendet ist. Durch den fehlenden Nachtschlaf war der Tag eigentlich gelaufen. Pure Gemütlichkeit angesagt. In die Decke eingekuschelt, auf dem Sofa. Die Katzen haben auf mich aufgepasst. Bis, ja bis meine liebe spaziergeh Freundin mich an die Luft holte und eine halbe Stunde mit mir durch den Matsch stapfte. Es war gut, rauszugehen. Aber ich war auch froh, wieder drin zu sein.

Zweihundert Tage. Sommer, Herbst und Winter in der Zeit. Mittellange Haare, superkurz Glatze. Das abrasieren und das wieder wachsen. Erst ein paar Stoppeln. Dann das Zaghafte ohne Mütze im privaten Rahmen und dann in der Öffentlichkeit gehen. Was alles passierte in den zweihundert Tagen.

Der zweihundertste Tag war nicht der beste, auch nicht der schlechteste. Es war einer der fauleren Tage. Ja, so könnte ich ihn, so möchte ich ihn bezeichnen. Faulerer zweihundertster Tag, der dem Ziel wieder gesund zu sein schon nah ist.

240

Tag 201

Freitag, wieder Freitag. Der Nachtschlaf war ok, im Vergleich zu anderen Nächten war er sogar perfekt. Kurze Pausen, keine langen Wachzeiten. Ich will es mal so sagen, ich war erholt. Endlich mal. Wann war es das letzte Mal so? Ich weiß es gar nicht mehr. Egal, ich hatte einen guten Morgen. Nur das Wetter. Ein Blick aus dem Fenster sagte, dein Tagesplan ist vorbei. Ich hatte eine Einladung, die war mit fahren verbunden, fahren über die Autobahn, bei Unwetterwarnung. Das war schon sportlich. Zumal ich nicht selber fahren wollte, besser konnte, ich gebe es ungern zu. Ich kann noch nicht wieder fahren. In solchen Momenten wird mir klar, wie eingeschränkt ich doch bin. Nicht mehr lange. Die Unwetterwarnung sagte, gegen Nachmittag kann es schwierig werden, glatt und kalt. Meine Kollegin hat sich dann überlegt, mich nicht abzuholen, sondern zu mir zu kommen mit Blumen und einem Karton Quarktorte. Wir hatten einen schönen Nachmittag. Am Ende hatte die Unwetterwarnung unrecht. Besser so als anders. Und ich kann meinen Besuch ja nachholen.

Am Abend kochten das große kleine Kind mit Freundin. Es gab, ich weiß nicht, wie es heißt. Aber ich kann es beschreiben. Wraps, mit Tomatenmark einstreichen, geriebenen Käse aufstreuen, kleine Paprikastücke rein und was man sonst mag, zusammenklappen und auf dem Blech backen. Zum Essen in drei Teile schneiden und in Sourcreme tauchen. Es heißt Pizzadilla.

Der Tag endete mit einem entspannten Fernsehabend. Die y Promis der Nation entblößen sich wieder. Ich fange mich, warum tun sie das?

Weihnachten ist vorbei, wenn der Weihnachtsbaum seine Nadeln verliert. Nicht nur ein paar, sondern viele. Sehr viele. Zu erkennen ist es, nein, zu spüren ist es, wenn die Nadeln in die Fußsohlen stechen. So weit war es nun. Einmal unbedacht atmen und es rieselt beim Abschmücken.

Wie soll der Baum raus, ohne, dass mein Sessel, Teppich und eigentlich alles voller Nadeln ist. Das geht nicht. Und wenn alles voller Nadeln ist, dann habe ich zu putzen und darauf habe ich gar keine Lust. Also brauchte ich eine Lösung. Die sah folgender Maßen aus: Baum abschmücken, Baum schütteln, Rosenschere suchen, Rosenschere finden. Äste von unten zur Spitze abschneiden und parallel im Ofen verbrennen. Die Lösung war ziemlich clever, finde ich.

So lief der Vormittag. Am Nachmittag war Ausruhen vom Baum abschmücken und verbrennen angesagt. Am Abend dann auch. Hände und Füße kribbeln. Die Füße mehr als die Hände, viel mehr. So richtig oll. Aber ich spüre sie noch. Die Ärztin sagte, dass es etwa drei Monate dauern wird, bis diese »Nebenwirkungen« vorbei sind. Noch drei Monate kribbeln. Das wird was. Abends haben das kleine große Kind und seine Freundin gekocht. Es gab tote Oma. Gut, dass ich die Mutter bin. Ja und dann, es ist kaum zu glauben, wieder ziemlich gut geschlafen. Das freut mich wirklich sehr. Ich schaffe es noch, wieder durchzuschlafen.

Tag 203

Ich kann gar nicht sagen, wie der Nachtschlaf war. Ausgeblendet. Das ist eine Top Lösung, einfach nicht mehr darüber nachdenken und zu versuchen, das Thema zu Analysieren. Es raubt mir Energie. Also keine Analyse des Nachtschlafes. Gestern war es so, dass ich vom Bett aus, direkt zum Spazieren gehen, abgeholt wurde. Also, ich hatte noch die Möglichkeit, mich anzuziehen. Es wäre im Schlafanzug auch zu kalt gewesen. Gut bestückt, mit allem, was im Winter an Anziehsachen benötigt wird, (inklusive Mütze, Schal und Handschuhe) ging es los in den frischen Schnee. Hatte ich erwähnt, dass es bereits geschneit hat? Es war nichts weiter als die Spuren der Katzen zu sehen. Kleine Tapsen im weißen Schnee. Aber nicht lange, wir zerstörten dieses Idyll mit unseren Boots. (Schreibt man das so? Ich meine die hohen Schuhe zum Schnüren.) Stapfen durch den Schnee. Es war ein schöner Spaziergang, entlang meiner üblichen Strecke. Etwa eine Stunde, eher etwas mehr. Vorbei an der Dorffeuerwehr. Gerade als es Alarm gab. Aus allen Ecken des Dorfes kamen sie angerannt, angefahren. Es ging alles sehr schnell. Auf den Rückweg überholte uns dann noch ein Feuerwehrauto aus dem Nachbarort. Es scheint etwas passiert zu sein. Aber was? Die Feuerwehrleute machen das alles freiwillig. Sonntagvormittag im frischen Schnee, schnell und hektisch. Absolut notwendig.

Zuhause angekommen, ein längeres Telefonat und dann war ich dran, mit dem Essen zubereiten. Ganz simpel es gab Kartoffelsalat. Und dann, es ist kaum zu glauben, ein Mittagsschläfchen. Völlig entspannt.

Am Nachmittag dann ging es erneut raus etwas über eine halbe Stunde. Der gestrige Tag war ein Wandertag.

Tag 204

Real life. Heute ist der große Tag. Termine bei Mammographie, Herzecho, Narkosearzt. Der Mammographietermin ist 8.30 Uhr angesetzt. Jetzt ist es 9.15 Uhr und ich komme mit dem zweiten Termin, dem Herzecho um 9.30 Uhr in Bedrängnis. Das finde ich schwierig und auch nicht ok für die Zeitplanung aller anderen. Der Wartebereich im Brustzentrum ist kalt. Ich sitze und warte, es laufen Patienten an mir vorbei. Eben sogar ein Basketball Fan mit einer Einkleidung von Spalding. Viele Patientinnen werden von ihren Partnern begleitet. Ich glaube, es ist gut, wenn man hier nicht alleine ist. Eine Frau wurde sogar von Mann und Kind begleitet, allerdings mussten die beiden den Raum verlassen. Hoffentlich ist es nichts Schlimmes. Neben mir sitzt eine Frau mit meiner Frisur. Nur gepflegter, auch so schön kurz. 9.22 Uhr es passiert nichts. Außer, die Brustschwester hat sieben Patienten und läuft irgendwo hin. Aber wo hin? Die Oberärztin macht heute die Sprechstunde. Ihre Füße stecken in Zehnsandaletten. Also in Flip Flops von der gängigen Marke, ohne Strümpfe. Mir ist gleich noch mal so kalt. 9.25 Uhr. Auf der anderen Seite des Flures ist die Chirurgie oder so. Dort arbeitet ein gefühlt siebzigjähriger Arzt. Der jeden Patienten besonders eigentümlich aufruft. Den zweiten Buchstaben im Namen extra langgezogen. Herr Müüüüüler. Anstrengend. 9.28 Uhr. Ob ich frage, oder bitte, dass beim Herzecho angerufen wird, und gesagt wird, das ich mich verspäte. Ich glaube, das mach ich mal. 9.56 Uhr. Auf einmal ging alles schnell.

10.10 Uhr noch schneller. Inzwischen ist das Herzecho und der Ultraschall absolviert. Wenn ich wieder gesund bin, habe ich zwei Baustellen. Leber und Herz. Die Nieren hat keiner kontrolliert. Mir fällt dabei das Wort Innereien ein. Und nun warte ich auf die Mammographie. Mein großes kleines Kind begleitet mich heute. Es ist auch für mich gut, nicht allein zu sein. 10.18 Uhr Mammographie erledigt.

Der Clip in der Brust ist noch da und sieht hübsch aus. Ein kleiner Ring in meiner Brust. Andere Tragen Ihre Ringe am Finger und ich, genau in der Brust, nicht an der Brust, nein in der Brust. Nun schaut sich die Ärztin die Bilder an. Sie ist zufrieden. Wir gehen in die Kantine. Es ist 10.44 Uhr. Kantinenessen für Restaurantpreise. 11.06 Uhr, wieder vor dem Zimmer der Brustschwester. Erst läuft ein Personal durch den Flur. Es, das Personal macht komische Geräusche. Prst, prst, prst. Was will es mir damit sagen, das Personal.

Dann zwei unwahrscheinlich dicke junge Frauen. Gesprächsfetzen. »Und dann von Buxtehude nach sonstewo.«. »ja dit is so, wat haste erwartet.« Und vorbei waren sie an mir dicke Mädchen. Ich bin auch eins. Muss unbedingt abnehmen. Vier Kilo sind seit Beginn der Krankheit dazugekommen. Ich bin froh, dass ich nicht die prognostizierten zehn Kilo zugenommen habe. Hier im Brustzentrum läuft ein Herr umher, der wohl auch an unserer Krankheit leidet. Ich weiß, dass es das gibt. Aber so in Natur habe ich es noch nicht gesehen,

Die Ärztin scheint ein PC-Problem zu haben. Das zieht sich den gesamten Vormittag hin. Nun hat sie sich mit dem PC-Nerd der Klinik verabredet. Kann aber noch nicht genau sagen, wann er Zeit hat. Die letzte Patientin vor mir ist gerade mit dem Chefarzt zusammen. Vermutlich dauert das dann seine Zeit, bis er ihr alles erklärt hat. Zumindest möchte ich das so interpretieren. Gut, dass ich mich wenig mit den Randerscheinungen der Behandlung beschäftige. Deshalb brauche ich wenig Zeit bei den Ärzten. Ich glaube auch, so kommt man, komme ich am besten durch die Zeit. 11.20 Uhr Warten auf die Brustschwester. Der Herr mit dem Brustkrebs ist gerade bei ihr. Ich finde, dass ein Teil des Personals auch abnehmen muss. Irgendwie sind alle etwas moppelig.

Wenn ich hier was zu sagen hätte, würde ich das Brustzentrum pink anstreichen. So richtig Pink. So wie der Anzug des Arztes war. Und dann gäbe es Motivationsplakate an den Wänden uuuuurd, auf alle fälle etwas gemütlicher, ja gemütlicher würde ich es gestalten. Aber, leider, ich hab ja nix zu sagen. Oh, das Paar bei der Brustschwester verabschiedet sich. Ich bin gleich dran. 11.28 Uhr vielleicht. 12.20 Uhr. Es war dann doch 11.40 Uhr. Mein Kopf ist voll. Ein Lymphknoten wird mindestens rausgenommen. Vielleicht auch mehr. Die heißen Wächterlymphknoten. Die müssen alle raus. 2 oder 3. und während der Operation werden diese direkt untersucht. Wenn sie ok sind, dann bleiben alle anderen drin. Wenn nicht, dann kommen mehr raus. Also gibt es ein Restrisiko. Ich dachte ja, die bleiben drin, wenn sie nicht befallen sind. An den Wächterlymphknoten kann man erkennen, ob der Krebs gewandert ist. In der Fachsprache heißt es, ob sich Metastasen gebildet haben. Ich hoffe doch, dass sie nicht befallen sind. Ich hoffe es sehr.

Ansonsten hatte ich meinen Vorschlag unterbreitet, den Flur pink zu streichen. Die Brustschwester ist mit mir einer Meinung. 12.30 Uhr ich wartete weiter, jetzt auf die Ärztin. In der vorherigen Wartezeit hatte ich nette Unterhaltung von einer Dame aus der Uckermark. Sie war zur Kontrolle da und hatte viel Angst. Ihre Erkrankung liegt vier Jahre zurück.

Und ich bekomme mit, dass der Herr tatsächlich Brustkrebs hat. Er ist so schrecklich aufgeregt. Damit rechnet Mann auch nicht. Ich warte noch immer. Ich hab dann noch Termine. EKG, Strahlenarzt und noch immer Narkosearzt.

12.40 Uhr. Das Paar mit dem Mann mit Brustkrebs berichtet zum fünften Mal, dass alles gut erklärt wurde. Sie sitzen nun neben mir und warten auf die Mammographie. Die Schwester ist auch gut, meint die Dame neben mir. 13.20 Uhr. Zwischenzeitlich bin ich zur Strahlenmedizin weiter gezogen. Anmeldung und auf die Ärztin warten. Meine Operation wird am 1.2. sein. Es wird in der Operation ein Tortenstück aus der Brust geschnitten und dann wird die Brust zusammen genäht. Aufregend. Wenn alles gut geht, dann wird es am Ende nichts zu sehen sein. Also

Daumendrückalarm. Ein Lymphknoten wird entfernt oder zwei bis vier. Die Operation dauert ca. Zwei Stunden. Es wird in der Operation voraussichtlich bestrahlt werden. , das hat eigentlich nur Vorteile. Wenn die Brust verheilt ist, wird noch fünf Wochen weiter bestrahlt. Irre.

14.10 Uhr. Warten. Jetzt beim EKG. Vor dem Selbigen, im Gang, liegt ein Herr im Bett, er möchte gern auf seine Station. Hier, bei ihm scheint das Hol- und Bringmanagement versagt zu haben. Das möchte ich nicht so auf dem Gang rumliegen.

14.16 Uhr Hurra, ich bin in der EKG-Kabine. Oberkörper frei machen. Schuhe dürfen anbleiben. Seit wann gehören Schuhe zum Oberkörper???

14.32 Uhr. Beim Narkosearzt beträgt die Wartezeit Minimum eine Stunde. Ich mach erst mal einen Spaziergang. Am Ende dauerte die Wartezeit bei den Narkoseärzten (es arbeiten sechs Ärzte am Stück) nicht so lange. Halb vier war ich fertig. Der Arzt und ich haben uns, neben der Vorbereitung der Narkose über Wespen unterhalten. Ausgangspunkt war die Wespenallergie, die bei mir erkannt wurde, als das kleine große Kind ein Wespennest mit dem Fußball abgeschossen hatte und mit einer Abordnung Wespen in die Küche gerannt kam. Er wurde siebenmal gestochen. Ich einmal. Bei ihm passierte nichts. Ich brauchte Kortison. Die Geschichte von dem Arzt war so. Er, der Arzt hatte das Wespennest aufgestochen. Er rannte auch schnell weg. Er war schneller als die Wespen. Zur Operation sagte er auch ja. Am 1. Februar ist es dann soweit.

Ansonsten fanden zwei Frauen, dass sie mit mir reden möchten. Davon erzähle ich später und auch von dem Paar, welches heute erfahren hat, dass sie Brustkrebs hat und von der jungen Frau, die weinend auf dem Hocker saß.

Alles in allem zusammengefasst war es ein anstrengender Tag. Ich hatte zu tun, als wenn ich arbeiten gehen würde. Das Klinikum ist ungefähr 120 Meter lang, vielleicht sogar noch länger, jährlich werden 4,7 Million Patienten versorgt. Es ist ein Wirtschaftsunternehmen. Die Größe zeigt sich auch darin, dass ich 1,8 km gelaufen bin, obwohl ich »nur« in der Klinik war.

Es gibt die kleinen Geschichten am Rande, welche unabhängig von dem Wirtschaftsbetrieb erfolgen. Da war die junge Frau, die im Brustzentrum saß und auf den Aufruf der Brustschwester wartete. Als sie wieder rauskam, setze sie sich auf das Höckerchen und weinte, ich vermute, sie hat ihre Diagnose bekommen. Ich hatte das Bedürfnis, zu ihr zu gehen und zu sagen.»Wird allet nich so schlimm.« In dem Moment, als ich das umsetzen wollte, rief die Ärztin sie auf. Später, als wir in der Cafeteria saßen, lief sie weiter weinend draußen vorbei. Als das kleine große Kind nach Hause fuhr, sah sie sie auch wieder. Noch immer weinend. Vielleicht ist es besser, wenn zur Diagnosestellung jemand mit ist.

Dann war ein Paar, Mitte vierzig, gekleidet wie »draußenzuhause«, sie sahen aus, als wenn sie sich viel bewegen und gesund, sehr gesund leben. Dennoch muss die Frau die Runde gehen, um vorbereitet auf die Dinge die da auf sie zu kommen, zu sein. Also bekommt man Brustkrebs nicht zwingend vom ungesunden Leben, oder zu vielen Kilos.

Und dann war da die Frau aus der Uckermark, die zur Kontrolle nach vier Jahren Brustkrebs besiegt war. Sie setzte sich neben mich und fing an, in uckermärkischer Manier, mir, ihre Geschichte, nein die Geschichte ihres Krebs, zu erzählen. Sie berichtete, dass ihr Mann sie jeden Tag gefahren hat, jeden Termin und das sie eigentlich nicht aus der Uckermark fortziehen möchte. Es ist dort so idyllisch. Ich sagte ihr, idyllisches Wohnen zieht lange Fahrstrecken nach sich. Und sie erzählte auch, dass sie immer Angst vor der Kontrolle hat. Immer noch. Die Angst bleibt. Ja, und als ich fertig war und auf Abholung wartete, setzte sich eine Frau neben mich. Es raschelte. Ich schaute rüber und wieder weg und sie zu mir. »Ich hab noch einen.« Ich »Wenn sie mir den geben würden, wäre schon toll.« Ich bekam ein Bonbon. Dann plauderten wir und beobachteten die Menschen in der Drehtür. Das sind neue, andere Geschichten.

Wieder zu Hause musste ein Schläfchen sein, bevor die Weltbeste Crêpesmacherin wieder supergute Crêpes herstellte, die unseren Gästen und mir gut schmeckten. Ich habe die mir aber wirklich auch verdient.

Eigentlich waren die Crêpes Galette, weil sie mit Vollkornmehl hergestellt wurden. Aber auch diese waren lecker, so richtig. Wie war das mit dem Schlafen? Schlafen, ja schlafen konnte ich ziemlich gut.

So ein Kleinstwagen ist wirklich klein, er hat einen kleinen Motor, einen kleinen Motorraum und auch einen kleinen Kofferraum, und ganz wichtig, eine kleine, eine sehr kleine Scheibenwaschanlage und diese kleine Scheibenwischanlage hat viel Potential bei diesen Temperaturen einzufrieren. So bei uns passiert. Warum, das kann ich erklären. Wenn man sein Auto winterfit macht, muss auch das Scheibenwischwasser getauscht werden. Sommerwasser raus, Winterwasser rein. Merken fürs nächste Jahr. Also musste unser Auto in die Werkstatt und hat dort übernachtet, um aufzutauen. Der Vormittag war davon geprägt, das Auto in die Werkstatt zu bringen und dann nach Hause zu laufen. Ach was ich noch erzählen wollte, war mein Frühstück. Ich habe mir einen Haferbrei gekocht, ich war begeistert. Mit geriebenem Äpfel und Honig. Warm im Bauch und supersättigend.

Mittags dann, als wir zuhause waren, gab es Wurzelgemüsesuppe mit gebratenen Zwiebeln und roten Beeten. Das war einfach unglaublich so lecker.

Am Nachmittag musste ich mich ausruhen. Um dann zum Abend selber zu kochen. Ein asiatisches Gericht, ich hab nicht richtig aufgepasst und das Gemüse ist zerkocht. Geschmacklich war es einwandfrei. Und dann habe ich für das kleine große Kind vorgekocht. Es ist ein paar Tage alleine. Er schafft das. Er ist schon groß.

Und dann habe ich geschlafen, gut geschlafen, mit einer kurzen Unterbrechung. Es wird besser.

Tag 206

Das kleine Auto wollte aus der Werkstatt abgeholt werden. Also dick angezogen. Dick bedeutet. Alles doppelt, Wärmeleggins, Leggings (es liest sich schlimmer, als es aussieht) langes Shirt und Pullover, Weste, Parka, Schal, Mütze und Handschuhe. Selbstverständlich Socken und Boots. Dann raus in die Kälte. Der restliche lose Schnee knirscht. Dort, wo kein Schnee mehr liegt, ist blankes Eis. Dank der Sohlen unter den Boots läuft es sich recht komfortabel. Nicht so gut lief ein älterer Herr, welcher sich an sein Fahrrad klammerte und und vor der Glätte warnte. Ein Blick auf seine Schuhe sagte alles. Der klassische »alt« Herrenschuh, bequem, aber nicht für draußen zuhause gemacht. An der Werkstatt angekommen stand es schon da. Unser kleines, hübsches Auto. Ein Strahlen in unseren Gesichtern. Der Service Mensch, etwa Mitte zwanzig, empfing uns tatsächlich mit den Worten, »Es war eingefroren.« Wir schauten betreten. Er hätte es netter sagen können. Wir sind schließlich Mädchen. Ich finde, eigentlich hätte die Werkstatt das Wasser beim Reifenwechsel mit machen können, haben sie nicht. Also ist die Werkstatt schuld.

Wieder zuhause, Haushalt, Wäsche, packen und es ging los. Eine Fahrt in den Süden der Republik. Hörbuch an und ich war versunken in der bösen schwarzen Welt in Brandenburg. Drei Stunden gehört und noch nicht am Ende. Aktuell sind wir an einer Stelle, wo der Protagonist sich entscheiden muss, welches Leben ihm wichtiger ist, das seines Bruders oder das seiner Freundin. Der schon ... nein. Nein das schreibe ich nicht auf, es ist gruselig. Nur so viel. Der eigene Vater fordert es von ihm. Und alles spielt um Storkow und Wendisch- Rietz. Also bei uns in Brandenburg. Ich bin gespannt, wie es ausgeht. Das große kleine Kind ist beim Hörbuch hören Auto gefahren. Gut macht sie das. Ohne zu murren. Eine solche Strecke.

Weimar. Die Stadt der Klassik, für uns allein. Nicht ganz, ein paar Einwohner und viele Studenten waren noch da. Weimar ernährt sich von den Eintrittsgeldern. Ziemlich gut. Ich möchte mir gern das Bauhausmuseum anschauen. Der Haken an der Kultur in Weimar ist, das die Museen bereits 16 Uhr schließen. Logisch, ist ja keiner da, der sich etwas anschauen möchte. Außer ich. Das Alternativprogramm, Kuchen essen. Thüringer Kuchen. Gebacken nach Rezepten, die mindestens siebzig Jahre alt sind. Wenn nicht älter. Mohnkuchen, Donauwelle, Schneewittchenkuchen. Was sie nicht hatten, war die Eierschecke. Schade. Ein langer Spaziergang im Park an der Ilm, vorbei an Goethes Gartenhaus, an rodelnden Kindern, es da aus wie ein Bild von einem Künstler. Man kann sich richtig vorstellen, wie Goethe hier wandelte und sich die Gedichtzeilen. »Vom Eise befreit, sind Strom und Bäche« überlegte. Millionen von Leuten kennen das Gedicht. Ich kam noch bis Zeile vier. Dank der Internetsuchmaschine kamen wir in den Genuss der gesamten Verse. Zurück im Hotel. Wir wollten »die Badboys« unsere Handballer bei der WM anschauen. Dank des Hotel-W-LAN funktionierte es recht gut. Die kulturelle Abendveranstaltung »Goethes geheimer Auftrag« fiel mangels Beteiligung von Zuschauern aus. Das Alternativprogramm am Deutschen National Theater wegen Zuschauer Überschuss.

Dann eben Esskultur. Nein keine Thüringer Küche. Weltküche. Pommes von einem der besten Pommesmacher Deutschlands, das ist Pommes Kultur erster Güte und wiegt, im wahrsten Sinne des Wortes, jedes Theaterstück auf. Doppelt frittiert, mit doppelt Mayo. Aioli/Limone und holländischer Erdnuss. Das muss erst mal jemand hinbekommen. Der Abend endete mit Fernsehen. Wir sahen zukünftige und ehemalige Stars.

Und der Schlaf. Er war ok, die üblichen Unterbrechungen. Das Kribbeln in Händen und Füßen gehören inzwischen dazu. Leider.

Tag 207

Wie ging die Geschichte aus. Ich sage nur, nicht gut. Wirklich nicht gut. Dieses Hörbuch ist ein Thriller, graulich. Und unbedingt nur für erwachsene Erwachsene geeignet.

Das Frühstück im Hotel war liebevoll und herzlich. Frischer Obstsalat, gekochtes Ei, eine Käseauswahl, Kuchen und Naschzeug, Tomaten, Gurken und Oliven, und was mich besonders gefreut hat, eine kleine Nussauswahl.

Nach dem Auschecken ging es in die Stadt, das Bauhausmuseum stand ja noch auf dem Plan. Der Spaziergang begann mit einem lauten Knall. Richtig laut. Erst konnten wir nicht sehen, woher der kam. Aber dann Schlich schon ein Auto von der Kreuzung an uns vorbei. Das andere, mit fast ohne Motorhaube folgte. Ein Auffahrunfall. Wir haben ihn nur gehört, da unsere Sicht durch einen Bulli aus der Schweiz versperrt war.

Auf dem Asphalt lagen Teile der Stoßstange, Blinkereinsätze und viele Plastesplitter. Den Menschen in den Autos war nichts passiert. Gut so.

Die Straßen der Stadt, auch die Fußwege waren entweder ohne Belag, kein Schnee, kein Eis. Oder spiegelglatt. Richtige Wege zum Aufpassen beim Laufen.

Das Bauhausmuseum zeigt die Zeit von 1919 bis 1925. Irgendwie toll für diese Zeit. Bauhaus, das reduzierte, das handwerkliche, das Gesamtkonzept. Wobei es schon elitär ist, zumindest in der heutigen Zeit. Hochwertige Wohnaccessoires, die kaum mit anderen Wohnstilen vereinbar sind. Ich bin ja etwas verliebt in die Tischlampe. Fast fünfhundert Euro. Traumschön, passt nur leider nicht in mein Budget. Der blaugelbe Schwede ist auch schön. Sehr schön.

Und dann ging sie weiter unsere Reise. Irgendwann ging sie nicht mehr weiter. Wir standen irgendwo auf der A5. Aber nur kurz, abfahren war die Alternative. Weinheim an der Ruhr, ein Ort mit Autos und Autos und Autos, konnte ich sehen und auch das sehr schöne Autobahnkreuz Mannheim ist sehens- und fahrenswert. Karlsruhe haben wir im Hellen erreicht. Was soll ich zu der Stadt sagen. Besser noch nichts, obwohl. Ich fand sie erstmal gruselig. Aber bestimmt relativiert sich das im hellen Licht der Sonne (Achtung Poesie). Ein kleiner Spaziergang, ca. 4 Kilometer, mit einem Stopp bei einem Asiaten in einem riesigen Einkaufszentrum. Zum Shoppen hatte ich keine Lust. Zurück zum Hotel, mit einer Ehrenrunde. Wir gingen erst in die falsche Richtung. Duschen etwas Obst, Zähne putzen und dann schlief ich. Noch nicht ganz. Die Füße. Ich will ja nicht jammern. Bis etwa fünf. Und dann noch mal bis halb acht. Das hatte ich Monate nicht. So kann es bleiben.

Tag 208

Was war das für ein Tag? Strahlend blauer Himmel, Sonnenschein, im Schatten kalt, in der Sonne warm. Fand ich Karlsruhe am Mittwoch noch grauslich. So musste ich das schnell revidieren. Nicht ein Wölkchen am Himmel. Sonnenschein. Es lud zu einem Tag am / im Freien ein. Es rief nahezu los komm raus. Ich hab mein schönstes Wetter für dich. Nur zieh dich warm an und dann ab raus. Atme meine frische, kalte, klare Luft, die ich für dich gemacht habe. Geh in das sonnige Licht. Genieße den Tag. Komm schau dir Karlsruhe, das gar nicht grausige Karlsruhe an. Los komm raus. Ja so schien es, als wenn der Tag mich motivieren wollte, raus zu gehen.

Aber erst Frühstück essen, Frühstück im Hotel. Das Hotel recht groß, recht zentral, nicht weit vom Schuss und ziemlich stylisch. Etwas teuer. Ein richtig gutes Frühstück. Gekochtes, Spiegel- und Rührei. Wurst und Käse Auswahl. Sogar Blauschimmel. Dazu Kaffe aus dem Automaten. Kaffe Latte. Nur gab es nicht die passenden Gläser. Ich hatte dann Milchkaffee. Der passte in die Tasse und Spiegelei mit etwas Ketchup. Wann hatte ich das letzte Mal Ketchup. Ich weiß es nicht. Dazu Obstsalat mit Studentenfutter.

Dann war es soweit. Das draußen war unser Umfeld. Wir liefen in Richtung Schloss. Durch eine Fußgängerzone. In der Mitte schlängelt sich ein Band von cremefarbenen Fliesen. Auf denen waren Menschen und Firmen erwähnt ich vermute, sie haben zur Herstellung des Fußweges beigetragen. Vielleicht haben sie aber auch etwas anderes Schönes für die Stadt getan. Ich weiß es nicht. Der Spaziergang ging vorbei an kleinen Geschäften, am Bundesverfassungsgericht. Das Bundesverfassungsgericht ist die Wiege der Demokratie, wollte ich gerade sagen und in dem Moment stolperte ich und nein, ich lag nicht, ich konnte mich gerade noch abfangen. Da war es das Schloss. Gelb, von der Sonne angestrahlt, gepflegt, einfach schön. Durch den Park gingen wir in Richtung Oststadt. Wir sind ja nicht zum Vergnügen hier. Das kleine große Kind hat Termine und ich parkte mich im Bäckerladen ab. Mit einem grünen Tee, den ich so noch nie in einer Bäckerei getrunken habe. Ich wartete. Es waren noch andere Leute da, ein Paar, besser ein zukünftiges Paar, welches sein erstes oder zweites Date hatte, sie lächelte ihn schüchtern an. Er gab sich Mühe, sie nicht zu langweilen. Half ihr beim gehen in die Jacke und berührte sie scheinbar unabsichtlich an der Schulter und steifte über ihr Haar. Ich hatte Herzchen in den Augen. Dann war da noch die Dame, die Früchtetee Trinkende, mit einem pinken Fake Fell Schal. Die mit der überlangen, etwas versplissten blasslila Strickjacke und der verblassten, verfranzten Frisur, am Nachbar Tisch. Die dann hektisch aufsprang und zur Straßenbahn sprintete. Die just in dem Moment ankam, als sie am Bahnsteig stand. Sie hat es geschafft. Und auf einmal war es da. Das kleine große Kind, strahlend, schön wie immer. Zurück in die Stadtmitte. Zum Essen. Wir waren verabredet in einem, ach nein einer vegetarischen Kantine. Einhundert Gramm Essen kosten eindeuroeinundachtzig. Wie wenig einhundert Gramm sind, war mir an der Kasse klar. Dann zurück zum Schloss. Freitag ist Frei-Tag. Ab zwei ist der Eintritt ins Schloss frei. Ab vier sogar die Führungen. Ich glaube, dort ist die Welt größte Sammlung griechischer Vasen vorhanden. Es lohnt sich. Das Kind hatte einen weiteren Termin. Ich ging etwas besorgen. Also, das war nicht geplant. Aber es ergab sich dann. Ein Geschenk, es lief mir einfach über die Finger, drängte sich vor meine Augen. Es war genau das, was ich mir im Internet anschaute, die Zeit nicht mehr für eine Bestellung ausreichte. Und danach, ich konnte und wollte nicht mehr laufen. Eine Teepause. Bis das Kind mich einsammelte. Nach einem weiteren Termin, dem letzten, ging es weg von der nunmehr schönen Stadt. Bad-Mergentheim. Ein Zwischenstopp. Essen und das Bett war meins. Es machte sich bemerkbar, dass ich zu wenig trinke und parallel dazu die Lotion vergessen habe.

Tag 209

Schlecht geschlafen, super Frühstück. Dann Autotausch, den Kleinen eingetauscht gegen einen Großen, äußerliches Zeichen für mehr Platz. Mehr Raum. Der wird benötigt. Das große kleine Kind wird ganz bald ausziehen, umziehen, wegziehen. Ganz bald. Mein Mutterherz freut sich einerseits, andererseits tränt es. Aber ich will nicht jammern, klagen, trauern. Es wäre nicht richtig. Sie ist nicht aus der Welt. Und sie ist meinem Herzen weiterhin nah. Sie ist in meinem Herz verankert. Egal wo sie ist. Jedenfalls ging die Fahrt mit dem großen Auto weiter. Fast sechshundert Kilometer, quer durchs Land. Vorbei an Orten mit sehr eigentümlichen Namen. Zum Beispiel Hodenhagen. Hörbuchhören auf der Fahrt ging leider nicht, der CD Player glaubt, dass er eine CD in sich hat. Es war nicht möglich ihn vom Gegenteil zu überzeugen. Leider, er reagierte weder auf gutes Zureden, noch auf liebevolles CD einstecken und auch nicht auf monotones ein und aus schalten, uns blieb nur das Radio. Wir haben mitgesungen. Das kleine große Kind hat mitgesungen und ich habe den Rhythmus mit der Nussschachtel geschlagen. Ich war ziemlich gut. Finde ich. Pause, etwa auf der Hälfte der Strecke liegt Kassel. Kassel hört sich positiv an. Documenta und so. Also Abfahrt Kassel und ab ins Zentrum. Um es vorwegzunehmen. Kassel hat ganz sehr bestimmt schöne Ecken. Aber eher nicht dort wo wir waren. Was unterscheidet Kassel von andern Städten. Was ist das Alleinstellungsmerkmal? Wahlkampf. Ja in Kassel scheint es Wahlen zu geben. Überall Aufsteller in der Stadt. Jeder verspricht mehr als der andere. Ob das alles so eingehalten wird?Unser Parkschein lief ab und wir verließen Kassel. Weiter ging die Reise in Richtung Hamburg. Hamburg meine Perle, deutsche Lieblingsstadt, Happyplace. Wir sind bei Freunden angekommen. Sofort wie zu Hause gefühlt. Geredet, gegessen. Wohlgefühl. So soll es sein. So geht es mir gut.

Ich hab so gut geschlafen, dass ich meinte, immer bei meinen Freunden zu schlafen. Da es aber unmöglich ist, täglich von Bernau nach Hamburg zu fahren, habe ich gefragt, ob ich einziehen kann. Das fanden die Kinder des Hauses gar nicht lustig. Alternativ hatte ich gefragt, ob ich das Bett mitnehmen kann. Das gefiel den Eltern nicht. Aber ich darf wieder kommen. Vormittags eine Spazierrunde, Mittag und dann gab es ein denkwürdiges Basketballspiel. Es war das erste Basketballspiel der Nachwuchs-Basketball-Bundesliga, welches Deutschlands höchste Spielklasse für die unter neunzehnjährigen Spielermist, welches ich in dieser Saison angeschaut habe. Und es war ein Spiel, das wird wohl so schnell nicht vergessen werden. Das Spielergebniss, das Team des großen kleinen Kindes gewinnt mit einhundertsieben Punkten. Einhundertsieben, dass muss man sich mal auf der Zunge zergehen lassen. Einhundertsieben. Das Ergebnis lag bei 41 zu 148. Ich habe so etwas noch nicht erlebt. Nach dem Spiel, Verabschiedung und ab zu Elfi. Elfi, die Elbphilharmonie, außer uns hatten viele andere Menschen die Idee. Die Karten zur Besichtigung waren bereits auf das Zeitfenster 18 Uhr, das heißt, die Besichtigung hätte erst 18 Uhr stattfinden können. Zu spät für uns. Schade, aber dieses Gebäude ist auch von außen schön anzusehen.

Ein kleiner Besuch im Teesalon, mit anschließendem Teekauf. Ab ging es nach Hause. Das große kleine Kind hat schon gewartet. Nun waren wir wieder alle zusammen.

Angeschnitten, nein abgeschnitten. Das Hörbuch, welches wir im ersten Teil der Reise gehört haben. War ja noch nicht zu Ende. Also musste das gemacht werden. Das Sofa im oberen Raum war meins. Gemütlich eingekuschelt in die Decke vom kleinen großen Kind. Aus dem Lautsprecher kam die Geschichte. Berlin, Zarrentin und Helgoland. Die Orte der Handlung. Ich kenne sie, die Orte. Helgoland. Ach ja. Das »abhängen« auf dem grünen Sofa dauerte etwa drei Stunden. Es lohnte sich. Nun weiß ich, wie es ausgeht. Es kommt kein Wort über meine Lippen. Nicht eins.

Ein kleiner Einkauf. Das Wetter ist nicht spaziergehwürdig. Kalt und feucht. Zum Abend gab es dann Kartoffelsalat. Die falschen Gürkchen waren eingekauft worden. Dadurch schmeckte er nur ok. Ja und dann bin ich doch noch mal raus. An die frische Luft eine Runde, eine kleine Runde. Der Schlaf, wie gehabt. Schlecht. Es nervt mich.

Tag 212

Irgendwie fehlt das Tageslicht. Es ist, besser es wirkt so, als wenn es nicht hell werden will. Draußen ist es kalt und feucht. So ein Wetter, dieses Wetter ist so, so wirklich unangenehm. Richtig unangenehm, besser richtig oll. Es gab einen drinnen Tag. Das liegt nicht nur am Wetter, sondern auch daran, dass mein kleines großes Kind packt. Sie packt nicht nur für ein Wochenende, einen Urlaub. Nein, sie packt, um umzuziehen. Auszuziehen. Rauszugehen in ihr eigenes Leben, ihren Job, ihre eigene Wohnung. Ich hab unterstützt, etwas. Beim Aussortieren und Aufbewahren.

Mittags kam Besuch. Ein Nudel-Kuchen-Tee-Gespräch. Einfach schön.

Nach einer zeit der Erholung ging es zum Einkauf. Wir wollten zum Abend rote Beete Burger machen. Hatten wir lange nicht. Auch keine Zutaten. Also mussten wir die besorgen. Raus in die Kälte. In die Nässe, in die Dunkelheit. Angekommen im Einkaufszentrum haben wir ein paar der aussortieren Sachen ersetzt. In dem Geschäft befand sich gerade ein Vertreter, der seine Sachen präsentierte. Ganz hübsch. Überrascht hat mich, wie hoch die Gewinnspanne ist. Sie liegt bei etwa 50 Prozent. Ja, ich weiß, dass das nicht das ist, was am Ende wirklich übrig bleibt. Aber dennoch. Sie ist schon ziemlich hoch. Vielleicht sollte ich Anziehsachenhändlerin werden. Vielleicht. Dann kauften wir die Lebensmittel für die rote Beete Burger. Das Abendbrot war wieder ausgesprochen gut.

Dann war der Tag fast zu Ende. Ich konnte einschlafen, aber war nachts wieder wach. Mein Nachtschlaf hat, wie war es anders zu erwarten, sehr zu Wünschen übrig gelassen.

Tag 213

Ich mag es gar nicht erzählen. Gestern war ein Tag, der so faul war, wie Tage lange nicht mehr. Ein Tag im Schlafanzug den ganzen Tag. Eigentlich ist Schlafanzug nicht ganz richtig. Richtig ist Schlafhose und Nachthemd. Es ging auch nicht anders. Mein Körper tat weh. Das hatte ich längere Zeit nicht. Schmerzen in den Füßen, an den Knien und den Oberschenkeln. Es tat so weh. Ich weiß nicht, woher das auf einmal kommt.

Mein schmerzender Körper sitzt im Sessel und beobachtet das kleine große Kind beim Packen. Das »Zeug« ist in der Küche aufgestapelt, um einen schnellen Weg zum Auto zu haben. Noch kurz, dann ist sie weg. Ich kann mich glücklich schätzen, ein so tolles Kind zu haben, welches sich so lange um mich gekümmert hat. Vielleicht wäre alles viel schwerer gewesen, wenn sie nicht da gewesen wäre. Es wäre schwerer gewesen. Auf jeden Fall. Was hab ich für ein Glück mit meinen Kindern. Das zeigt sich besonders in dieser Situation.

Am Vormittag ein langes Telefonat. Am Tag immer mal geschlafen. Das tat mir gut. Was meinen Nachtschlaf betrifft, geht es vielen Krebspatienten so. Das ist normal und kann bis zu neun Monaten nach der Chemo dauern. Also ist alles nicht so schlimm. Letzte Nacht habe ich mit kurzer Unterbrechung gut geschlafen. Richtig gut. Wird es jetzt besser?

Tag 214

Eigentlich, eigentlich lese ich nicht, was andere Frauen in meiner Situation schreiben. Aber nur eigentlich. Vorgestern habe ich ja durch das lesen rausbekommen, dass das Problem mit dem Schlafen viele Patienten haben. Und heute habe ich rausbekommen, dass auch die Knochenschmerzen normal sind. Alles, was normal ist, ist ok für mich, weil ich weiß, dass es irgendwann wieder weggeht. Oder werde ich doch bleibende Schäden behalten? Ich frag am Dienstag die Ärztin. Die muss es ja wissen. Ja, diesmal gehe ich Dienstag zu der Antikörpergabe, weil Mittwoch, ja weil Mittwoch die Operation ansteht. Von gestern gibt es nicht so viel zu berichten. Außer, dass ich halb sieben aufgestanden bin und meine Tasche und meine Fotos zum Sortieren gepackt habe. Mein kleines großes Kind lieferte mich in Potsdam ab, nach dem das getauschte Auto bis unter den Rand vollgepackt war. Mein liebes kleines großes Kind. Nun sind schon mal die Sachen weg.

Auf dem Weg nach Potsdam ruft das große kleine Kind an und sagt »ich bin krank«. Eine ausgewachsene Männergrippe. Gut, dass ich nicht zuhause bin. Ziemlich gut, sonst stecke ich mich noch an. Und gut, dass das große kleine Kind eine so liebe Freundin hat, die ihn pflegt. Wat fürn Glück.

Ich bin dann noch mit dem großen kleinen Kind eine Runde gefahren, hab sie auf die Reise geschickt und bin durch Potsdam über diverse Ladengeschäfte zur Wohnung zurück. Am Nachmittag war mal wieder relaxen angesagt. Vom Bett zum Sessel und zurück. Noch ein Erholungswannenbad. Meine Tagesaufgabe, Gemüse schnibbeln erledigt, ich wurde bekocht. Es gab Gemüserisotto. Der Nachtschlaf war ziemlich perfekt und erholsam.

Tag 215

Super Wetter. Sonne satt, als wenn die Sonne nachholen wollte, was sie in der vergangenen Zeit versäumt hat. Blauer Himmel, keine Wolke. Ein Traumtag. Und wie hab ich ihn gestartet? Mit sortieren von Fotos. Irgendwann hab ich sie alle sortiert. Dann kommt der Spaß. Am späten Vormittag ging es dann raus an die frische Luft. Ein Spaziergang zum Museum Barberini. Museum Barberini Potsdam, das Museum selbst, nur ein Wort »Wahnsinn« ich bin frisch verliebt und gehöre schon zu den Freunden des Museums. Dreißig Euro hat es mich gekostet und einige Nerven. Es war und ist gut besucht, ziemlich gut besucht, besonders von den Best Agern (das soll heißen von Leuten siebzig plus). Diese Altersgruppe hat sich seit 1995 nicht geändert, als sie bei an Bord gehen, so gedrängelt und geschupst haben, dass uns nur noch Plätze unter Bord blieben und wir von der Bootsfahrt nichts hatten, weil wir die Tüten befühlen mussten. Ich erzähle gerade von einem Urlaubsausflug.

Heute war es ähnlich, selbst bei den Leuten, die wohlhabend und Bildungnah wirken. Sie schleichen sich an und auf einmal stehen sie vor dir, sie machen es so geschickt, dass du es fast nicht merkst. Wahrscheinlich wird so etwas mit dem Renteneintritt als Kurs angeboten.

Ich wollte zum Stand, an dem die Freundschaftsanfragen vorbereitet werden. Ich brauchte etwas, da wir noch zu klären hatten, was Partnerschaft bedeutet. Laut Museum Barberini ist eine Partnerschaft, wenn man dieselbe Anschrift hat. Nach dieser Auskunft stelle ich mich artig in die Reihe. Auf einmal kommt eine rüstige Seniorin, »ich stand schon mal vorn und musste zurück , um den Zettel auszufüllen«sagt sie. Auch sie wollte Freundin werden. Ich zu ihr »Und jetzt stellen sie sich vor mich?« Sie »ja«. Manchmal ärgere ich mich, dass ich so wohl erzogen bin. Am Stand den Audioguide ausgeliehen, eine Seniorin, diskutiert mit dem Herrn am Tresen das sie schwerbehindert sei und deshalb etwas frei bekommen möchte. Den Audioguide. Hallo, er kostet 2, in Worten: zwei Euro. Liebe Kinder, sollte ich als Seniorin jemals so sein, gebt mir bitte etwas zwischen die Hörner. Aber kräftig. Als Freundin des Museums bekomme ich ab dem 14.2. eine Karte, die mich als solche ausweist. Dreißig Euro hat es mich gekostet, unsere Freundschaft ist besiegelt und ich kann ein Jahr lang, ohne weitere Kosten eintreten in dieses, wirklich großartige Museum.

Schöne Räume, grandiose Bilder. Monet, Richter sogar ein Andy Warhol. Willi Sitte. Es lohnt sich, es lohnte sich, die drängelnden Senioren zu überstehen. Wirklich. So war es im Museum. Dann über den Platz in Richtung Brandenburger Straße, vorbei an der Nikolaikirche. Ein Selfie, als Beweis, dass ich an der frischen Luft war. Zu meiner Lieblingspuppe beim Asiaten. Zielsicher an den allerletzten Tisch. Suppe bestellt und Geschichte geschrieben, die Geschichte vom Museumsbesuch. Es schrieb sich gut. Bis, ja bis eine Familie am Nachbartisch Platz nahm. Mutter, Vater, Sohn. Sie konnten sich nicht entscheiden, welches Sushi und wer dann wie viel von welchem und ob Suppe, oder keine Suppe. Mein Schreiben war beendet. Nachdem ich meine Suppe gegessen hatte, ging es weiter. Die Brandenburger Straße runter, zum Lebensmittelgeschäft, zu dem, was aussieht, als wäre es ein anderes Lebensmittelgeschäft. Nur der Kassenbon sagt, welches Lebensmittelgeschäft es nun ist. Zuhause habe ich nur noch die Tür aufgeschlossen, die Sachen abgelegt und durch zum Bett. Ich war so platt. Daran ist zu merken, dass ich nicht gesund bin. Und an den Knochenschmerzen, die gestern rückläufig waren aber noch da.

Abends gab es Backgemüse mit Kräuterquark und Backkartoffeln. Der Nachtschlaf war ok, ich bin zufrieden.

So ein Vormittag im Schlafanzug ist schon sehr gemütlich, besonders, wenn der pink ist und ich als Person dann der Dame, welche im Fernsehen immer in Pinken Jogginganzügen auftritt, ähnele. Gemütlich, nicht sehr schön. Was ich gut hinbekommen habe, im Schlafanzug das Mittagessen. Es gab eine Mangoldlasange.

Nach dem Mittag, eher am Nachmittag ging es raus an die frische Luft, kalt und klar. In den Park Sanssouci dem Schönen. Rein am grünen Tor, vorbei am Schloss. Nicht die Treppen hoch. Treppen machen mir Angst. Ich hab Angst, dass ich sie nicht schaffe. Es wäre schon blöd, wenn ich auf der Hälfte, oder auf dem Viertel aufgeben muss. Das möchte ich nicht. Also ging es nur vorbei am Schloss, weiter über eine kleine Brücke. An den »verschalten« Figuren in ihren Winterhäusern, aus Holz, im Pinguinschritt über vereiste Wege und wieder raus aus dem Park. Auf dem Weg liegen 1432 Papierherzen, oder ein paar weniger. Auf der anderen Straßenseite, eine Anhöhe. Diese gehen wir ganz langsam hoch. Zum Drachenhaus. Eine Milchkaffeepause. Zurück, rechts das Schloss Charlottenhof, auf das »Chinesische Haus« zu. Irgendwo waren die römischen Bäder. Es war so schön, die Lungen sind durchgepustet, ich denke, ich war müde genug. Es war noch zu zeitig, um ins Bett zu gehen. Abends gut durchgehalten, weiter die Fotos sortiert. Bald bin ich damit durch, ganz bald. Der Nachtschlaf, ohne Worte, halb fünf war ich wach.

Was tun, wenn man sonntags um halb fünf wach
wird. Warten, dass es viertel sechs (Viertel nach fünf) wird und
die Aufstehzeit kommt. Sonntags aufstehen vor sechs. Das ist
nicht vorstellbar. Absolut nicht vorstellbar. Aber ich war ja
wach. Also was tun, mit dem angebrochenem Sonntag? Dem
frühen Vogel Futter geben. Nun liest es sich, als wenn ich
überlegt hätte, was ich machen wöllte. So ist es nicht, es gab eine
Verabredung. Eine Verabredung zum Sonnenaufgang. Das gibt
es wirklich. Verabredung zum Sonnenaufgang. Kurz, ca. zehn
vor halb sieben ging es los nach Richtung Beelitz Heilstätten. Zu
Baum und Zeit, dem Baumkronenpfad. Zu sieben waren wir
dann angekommen, mit uns viele andere Menschen und ein
paar Hunde. Wir waren etwa 50 weitere Personen. Aus dem
Auto ausgestiegen und der Schnee knirschte, es war »knackig«
kalt. Im Dunkeln an den Ruinen der Beelitzer Heilstätten
gebaut, Anfang des zwanzigsten Jahrhunderts. Ein schöner
Baustil.
Und da war sie vor uns die Anlage des
Baumkronenpfads. Mit ihr die Treppe, zweihundert Stufen bis
zur Aussichtsplattform. Die Freude auf das Erlebnis, sie war hin,
zweihundert Stufen. Das wird nichts. Gut, dass die Erbauer an
Leute wie mich gedacht haben. Es gibt einen Fahrstuhl. Ich
weiß, es wäre besser, die Treppe zu nehmen. Ich weiß es
wirklich. Aber ... Nächstes Jahr um die Zeit, da hüpfe ich hoch.
Versprochen. Oben angekommen, es wurde schon schummrig
ein heller Streifen am Horizont. Der Pfad beleuchtet. Einfach
traumschön. Nur war es kalt. Alle warteten auf die Sonne. Ich
hörte auf, auf die Sonne zu warten. Ich ging der Sonne
entgegen. Auf dem Baumkronenpfad. Wer sich dort auskennt,
etwa auf Höhe der Dächer. Nein, das, was mal Dächer waren,
jetzt sind es kleine Wälder auf den Dächern. Das Gelände
wurde vor 15 Jahren aufgegeben und nun hat die Natur sich die
Umgebung zurückerobert. Jedenfalls ging ich bis auf die Höhe

der mal gewesenen Dächer. Und wieder zurück zum Aussichtspunkt. Dann kam sie. Erst war ein roter Balken zu sehen und dann war sie ganz da. Wirklich ein Erlebnis. Es war 7.53 Uhr an einem Sonntag.

Wir fuhren zurück und aßen Frühstück, schon mit einem wunderbaren Erlebnis im Gepäck. Das war mein Sonntag. Essen, Baden, Schlafen. Meine Wehwehchen pflegen. Ein paar Fotos sortieren, etwas Karten spielen und am Abend zurück nach Hause. Da bin ich nun wieder in meinem Bett. Es war, mal wieder, eine schreckliche Nacht. Wach ab vier. Gegen acht ..., das ist ja schon ein neuer Tag.

Irgendwann macht der fehlende Nachtschlaf sich bemerkbar. Ich in noch einmal eingeschlafen und dann gegen 10.15 Uhr aufgewacht. Wie gerädert. Frühstück. Kühlschranktür auf und direkt wieder zu. Käse, Milch und vielleicht 10 Gramm Butter und natürlich viele Gläser angefangene Marmelade. Nichts so richtig für Frühstück. Für Frühstück, gemütlich mit den Kindern. Da waren dann noch drei Eier, Dinkel und Roggenmehl. Eierkuchen. Es gab Eierkuchen, gebraten in Erdnussöl. Not macht erfinderisch. Das große kleine Kind »wenn es Eierkuchen gibt , wenn der Kühlschrank leer ist, sorge ich immer dafür, dass er leer ist.« Wir saßen und aßen und spaßten. Alles dauerte so seine Zeit. Dann war noch was zu organisieren. Ich brauche einen neuen BH ohne Bügel. Einen Sport BH. Beide Sanitätsfachgeschäfte in meiner Stadt sind nicht so so gut sortiert, dass sie, welche auf Lager haben. Beratungstechnisch waren sie nicht auf dem neusten stand. Ich war enttäuscht. Leider waren auch im größten Einkaufszentrum der Stadt keine zu erwerben. Nun bin ich suboptimal vorbereitet. Die Lösung, ich schneide die Bügel aus einem anderen, bereits in meinem Besitz befindlichen BH raus. Das ist die Lösung.

Den Nachmittag und den frühen Abend habe ich dann verschlafen. Es regnete, also nichts in meiner Welt verpasst. Einmal war ich noch draußen. Mein kleines großes Kind vom Bahnhof abholen. Mit dem Auto. Es regnete ja. Gegen späten Abend schneite es dann und heute früh liegt wieder Schnee. Fünf bis zehn Zentimeter.

Bis auf eine Pause hab ich durchgeschlafen.

Tag 219

Ach schade, da hatte ich schon einen Text formuliert, einen Text, der davon erzählte, dass ich heute keine Zeit haben werde, einen Text zu schreiben und von dem Tag zu berichten, und dann bin ich darüber eingeschlafen, ohne den Text zu sichern. Nun ruht er im Himmel der verlorenen Texte. Schade eigentlich. Wir werden nie erfahren, was ich geschrieben habe.

Als ich früh aufgestanden bin, war die Welt in Weiß getaucht. Fünf bis zehn Zentimeter Schnee. Sieht das schön aus, sehr schön, so sehr schön. Aber so weit, so schön. Das war's dann auch. Schneefegen übernahm das große kleine Kind. Das freut mich sehr. Ich hatte zum Frühstück Haferbrei. So ein Essen ist bei dem Wetter optimal, wärmt durch und macht satt. Es gibt Leute, die sich schütteln, wenn sie nur an Haferbrei denken, ich mag das.

Im Bad konnte ich meine Haare stylen. Das machte ich mit Haarwachs. Männerharwachs. (Es riecht auch so). Ich habe eine richtige Frisur.

Als das große kleine Kind dann fertig war, ging es los. Ich sag nur Antikörper. Ähnlich wie Chemogabe, aber fast keine Nebenwirkungen. Das Verfahren ist ähnlich, wie es in der Vergangenheit an den Mittwochen war, nur ohne Blutabgabe. Aber zur Schwester und zur Ärztin muss ich doch. Die Ärztin war eine Vertretungsärztin. Wir sprachen über die Schmerzen in den Beinen. Seit einigen Tagen schmerzen besonders meine Knie. Das können Nebenwirkungen der Antikörper sein. Es können aber auch Nachwirkungen der Chemo sein. Ich hoffe, das wieder geht weg. Bestimmt geht es wieder weg. Dann sprach ich noch mal das Thema BH an. Es soll tatsächlich ein Sport BH sein. Die Schwestern helfen dann beim Anziehen. Sinn ist, alles zusammen zu pressen da bin ich gut ausgestattet, mit Sport-BH. Die Ärztin fragte mich, wer denn operieren würde. Ich wusste es nicht. Es war mir auch egal, bzw. Ist mir egal.

Darüber wunderte sie sich. Es interessiert mich wirklich nicht. Ich möchte nur gesund werden. Auch der gestrige Tag war von Wartezeiten geprägt. Das Anrühren des Giftes dauert eben seine Zeit. Es wird gebaut in der Klinik, was wirklich gut zu hören war. Die ganze Zeit. Zu sehen dann auch. Am späten Nachmittag konnte ich mein, in Karlsruhe gekauftes Geschenk, überreichen. Das Strahlen des Empfängers. Unbezahlbar. Es hat mich gefreut. Am Abend gingen wir essen. Danach stand noch das Tasche packen auf dem Tagesplan. Hoffentlich habe ich nichts vergessen. Ich hab das große Gemütlichpaket gepackt. Leggins, Turnschuhe, Strickjacken. Ja und Handtücher. Ich geh ja nicht ins Hotel. Ich gehe zur Operation.

Ende des ersten Teiles